Rafael Gómez de Parada

La universidad me mata

Crónica malévola del largo
y accidentado viaje hacia la licenciatura

Colección

EL PAPAGAYO

— 103 —

RAFAEL GOMEZ DE PARADA

LA UNIVERSIDAD ME MATA

Crónica malévola del largo y accidentado viaje hacia la licenciatura

EL PAPAGAYO
temas'de hoy.

Para la impresión de este libro se ha utilizado papel ecológico sin cloro.

Colección EL PAPAGAYO

Paseo de la Castellana, 95. 28046 Madrid
Diseño de colección: Wunderman
Ilustraciones de cubierta e interior: Luis Miguel Pérez González
Primera edición: septiembre de 1995
ISBN: 84-7880-548-6
Depósito legal: M. 25.166-1995
Compuesto en Puntographic, S. L.
Impreso en Grefol, S. A.
Printed in Spain - Impreso en España

INDICE

A todos los que creyeron en mí, aunque ahora mismo no recuerde a nadie.

PROLOGO

El de «universidad» es un concepto sumamente ambiguo y totalmente alejado de la realidad; si por algo se caracteriza este tipo de instituciones es precisamente por su «diversidad». Diversidad de gente, de personalidades, de caracteres, de clases sociales, de ambientes, de gustos, de orientaciones sexuales... Diversidad en todo excepto en medios para facilitar la realización de una tarea, la de estudiar. Sin embargo, al decir «universidad» no nos referimos sólo a la pública, a la masificada, a la angustiosa, a la escasa de recursos... Existen otros conceptos que conviene aclarar primero.

Un término muy extendido es el de «facultad», utilizado en su doble sentido de «sección de la universidad» (facultad de Derecho, por ejemplo) y el de «aptitud o autoridad para ejercer una función» (algunos profesores creen tener la facultad de hacer lo que les plazca).

Aunque para la mayoría sea un término ya superado, «colegio» se sigue empleando en algunos casos.

Estos colegios universitarios difieren poco de los tradicionales, de la felicidad de EGB y BUP: clases de menos de cuarenta alumnos, abundantes medios, sencillez del aprendizaje, y profesores que disfrutan dando tirones de orejas.

Por último, existe el término «escuela», que, a pesar de evocar series como *La casa de la pradera,* se encuentra lejos de ésta en cuanto a dificultad de las asignaturas se refiere. Estas escuelas suelen impartir las carreras consideradas más difíciles, con lo que tenemos en ellas un porcentaje ridículo de aprobados y un número de expulsiones y abandonos elevadísimo. Uno se pregunta si los alumnos de estos centros son sumamente torpes o si sus profesores están resentidos con la sociedad por alguna razón.

La universidad como tal tiene su origen, dice la historia, en el siglo XII, cuando las federaciones de estudiantes contrataban a los profesores para que les enseñaran. Es un sistema que, desgraciadamente, como el derecho de pernada o la cocina tradicional, se ha ido perdiendo con el tiempo. No sería mala idea volver a esas épocas y poder contratar, y sobre todo despedir, a los que nos van a instruir. Yo propondría el siguiente profesorado: Kim Basinger para Ciencias Naturales; Sharon Stone para el «Francés»; Sylvester Stallone para Lengua; Jesús Gil para Educación Física; Claudia Schiffer para Matemáticas (por aquello de montar números, especialmente el que ahoga a las mujeres antes de llegar a setenta); Madonna para Etica; y Loreto Valverde para Filosofía (el nihilismo existencial).

Las universidades comenzaron a extenderse por Europa. Así surgieron las primeras facultades en París, de Puericultura; en Florencia, de Bellas Artes; en Salamanca, de Batracios Esculpidos; en Oxford y Cambridge, especializadas en Remeros; en Berlín, de Construcción; en La Rioja, de Enología; y en Bologna, de Jamón y Queso Fundido. Con el paso de los siglos las universidades llegarían a Estados Unidos; las primeras nacerían en Ucla, especializada en Sudaderas; Duke, como excusa para formar un equipo de baloncesto; y la más importante, Harvard, para la que hay que superar la difícil asignatura preliminar «actores de telecomedia que pretenden llegar a la misma pero que no saben si sus notas se lo permitirán».

Al principio la universidad traía a la gente de culo, de ahí que no deba extrañarnos que pasaran a ser dirigidas por *recto*res y de*canos*. Con el paso del tiempo esta tendencia se ha mantenido e incluso incrementado, y se ha llegado, en la actualidad, a una situación en la que tanto estudiantes como profesores e instituciones pasan olímpicamente de este tipo de centro de estudios (nunca he entendido esta deportiva expresión).

La universidad nos prepara para ejercer una profesión, dicen, aunque tengo bastantes dudas al respecto. No obstante, una cosa sí es cierta: puedes aborrecer a los profesores, matarte a estudiar, comer mal, pasar horas y horas en los diversos medios de transporte para llegar a clase, sufrir injusticias, aguantar a secretarias incompetentes, esperar años para hacer una fotocopia, e incluso desear que vuele la universidad con toda su gente dentro, pero aun así, te gustará. Cinco, seis o puede que más años de tu juventud pasados en las aulas serán años de muchas agonías, pero, no obstante, disfrutarás y pasarás buenos ratos y preferirás las colas de las fotocopiadoras a las del INEM; los profesores a los jefes; tus amigos a los compañeros de *curro*; los baños sucios y pintarrajeados a los limpios y fríos servicios de la oficina; la revisión de un examen a las entrevistas de trabajo; el horario universitario al laboral (no tan flexible)... En fin, por increíble que parezca, se llega a añorar la universidad en la que se ha pasado buena parte de la juventud.

Este libro pretende recoger fielmente los acontecimientos con que se enfrenta todo estudiante universitario, las situaciones más inverosímiles (que son muchas), los personajes más pintorescos, las aberraciones sufridas, etc. En definitiva, este libro intenta plasmar la realidad universitaria con todas sus penurias y aspectos positivos. Cualquier diferencia con la realidad es mera coincidencia.

EL ESCENARIO

Es lo que se conoce como *campus*, una de tantas palabras del latín que sobreviven en el mundo universitario, como *curriculum vitae, honoris causa* y *coitus interruptus*. El *campus* es mucho más que el lugar destinado específicamente a la enseñanza de conocimientos poco útiles (ya se sabe que teoría y tontería comienzan por la letra te).

Sus instalaciones tratan de solucionar todos los problemas que puedan plantearse, satisfacer todas las necesidades que puedan surgir y, en fin, ayudar al estudiante en su carrera. Así, por ejemplo, las necesidades fisiológicas se realizan en baños convenientemente decorados por los usuarios; las alimenticias se cubren mal que bien en los comedores; las ansias irrefrenables de cerveza, en las cafeterías; la necesidad de evasión, en el amplio césped; el deporte, en los excelentes polideportivos; y la necesidad de fotocopiar, con una máquina por cada diez mil alumnos. Todo está pensado y bien pensado.

El folleto explicativo de los servicios que ofrece la universidad dice que también se dispone de Aula de

Cerámica, Seminario de Estudios de la Mujer, Servicio Médico, Centro de Promoción de la Música, Museo de Tradiciones Populares y Aula de Teatro. Pues mira qué bien. En principio será mejor que me limite a describir los lugares más conocidos y frecuentados por el gran público, puesto que las aulas, corazón de la universidad en sí, representan un porcentaje muy pequeño dentro del reparto de tiempo de los estudiantes.

LAS J-AULAS

La descripción de las aulas puede asemejarse enormemente a un resumen televisivo de un partido en el Vicente Calderón: «Media entrada, ambiente gélido, terreno de juego en pésimas condiciones, aburrimiento generalizado...» O podría también compararse con la plaza de toros de Las Ventas, puesto que hay entradas de sol y de sombra y se realizan buenas faenas. Las aulas también recuerdan a los cines, puesto que los primeros en llegar escogen las mejores entradas según sus objetivos: los de delante para ver la «película» y los de detrás para emplearse en otros menesteres. En algunos casos se pueden comparar incluso con el circo, pues la multitud se congrega para contemplar la actuación de un payaso.

La primera dificultad que encuentra el estudiante al llegar a la universidad está en localizar su aula. Viniendo de la sencillez de un COU-E, un 3º-A o un 2º C, resulta que ahora tiene que buscar el 1GM2, módulo VII, aula 102. Con el tiempo se descubre que el 1 es por estar en primero, la G por «general» (o D por «Derecho»; incluso debería existir la C de Cafetería),

M por «mañana» (o T por «tarde»; también deberían incluir una N por los que no van nunca). En cuanto a lo de módulo VII, sirve para complicar la búsqueda (los módulos están marcados con unas pegatinas que se caen con facilidad, por lo que con el tiempo todos llevan el número II). Lo de aula 102 es porque en la puerta de la misma puede verse un 207. Al final, tu clase acaba conociéndose como «pasando el bar, abajo, la primera a la derecha».

Una vez localizada el aula que será centro difusor de conocimientos (en teoría) y de contacto para nuevas amistades (en la práctica), se observa que su tamaño ha sido calculado para que sólo pueda sentarse la mitad de los matriculados y para que entren nada más que tres cuartas partes de los mismos. Aun así, los problemas de masificación sólo se dan durante la primera semana del curso: el tiempo mínimo necesario para tomar conciencia de la inutilidad de la mayoría de las clases.

Las aulas universitarias gozan además de ciertas peculiaridades arquitectónicas y de algunas curiosidades en su distribución espacial que «facilitan» aún más la labor del profesorado, como son:

- Una viga a mitad de la clase, más allá de la cual no pasa la voz del profesor. Sin embargo, si vemos, o mejor dicho, oímos el murmullo de las primeras filas, las distendidas conversaciones de las centrales y las animadas tertulias de las últimas, este hecho no parece importar demasiado a los alumnos, por lo general poco ávidos de nuevos conocimientos.
- Otra columna en el centro de la clase y en la parte de la izquierda, tras la cual se agolpan nu-

merosos estudiantes cuando llega el turno del típico profesor preguntón.

- Unas ventanas que parecen más selladas que una carta y que no hay lubricante que las desencaje.
- Unas persianas que haría falta haber estudiado ya una carrera para subirlas.
- Unas sillas con tabla en el lado derecho. Uno se pregunta si no habrá zurdos en la universidad. Estas sillas resultan muy útiles para endurecer el culo, para clavarle la tabla en las costillas al compañero de la derecha y para dar rienda suelta a la inspiración pictórica y musical que provoca el tedio.
- Una pizarra enorme, a pesar de lo cual algunos profesores son capaces de llenarla en menos de diez minutos. Ello provoca los consiguientes «¡Espere!» o «¡Un momento!», así como el irónico «¡Más rápido, por favor!».
- Una tarima hueca (como la cabeza de algunas azafatas de televisión) de unos veinticinco centímetros de altura para elevar el trono del majestuoso maestro. Esta elevación resulta, no obstante, insuficiente para un buen número de profesores que se sienten muy por encima de sus alumnos.

La incomodidad de las aulas las convierte en tema principal de las reuniones de delegados-profesores-decanos. No se sabe por qué, pero el caso es que en estas juntas, en vez de debatirse temas como las tasas o los exámenes, se suelen tratar asuntos tan importantes como la colocación de percheros en las clases (cierto es que se forman gigantescas montañas de abrigos) o la necesidad de cambiar las puertas para que se abran hacia fuera, por si hubiera un incendio. Por supuesto, nada cambia de un año para otro, pero se ha conseguido el objetivo. Es una táctica muy utilizada en política y se conoce como «desviar la atención».

LA VERDADERA ESCUELA UNIVERSITARIA: LOS BAÑOS

Los baños desempeñan una labor pocas veces reconocida en la formación del universitario, pues suponen el lugar más apropiado para la expulsión no sólo de los residuos corporales, sino también de los más hondos pensamientos y frustraciones estudiantiles, constituyen el emplazamiento elegido para glosar los más agudos y críticos comentarios y, en definitiva, el centro filosófico en cuyas puertas y paredes los universitarios exponen sus más profundas convicciones. Los baños recogen y aglutinan todo el pensamiento de los estudiantes, sus inquietudes, sus preocupaciones, sus teorías de la vida, sus dudas existenciales...

Las frases claras y concisas grabadas en puertas y paredes pueden clasificarse en varias corrientes ideológicas. La primera, en cuanto al número de adeptos, es la que tiene a la mujer como centro de observación y tema de interés. Sus máximas conllevan por lo general una cierta carga misógina y se pueden dividir en otras dos subcorrientes: los comparativistas y los salvajistas. Los comparativistas no encuentran nada que no pueda relacionarse de una u otra forma con el sexo femenino. Así nos encontramos con los siguientes ejemplos:

- Marisqueros: «La mujer es como la gamba: si le quitas la cabeza, lo demás sirve.»
- Incomprendidos: «La mujer es como tu propia sombra, si la sigues, no la alcanzas; si huyes de ella, te persigue.»
- Cultos: «La mujer es un manjar digno de los dioses, aunque a veces lo guisa el diablo.»
- Geómetras: «La mujer es un conjunto de curvas que pone en tensión una recta.»
- Encasilladores: «Las mujeres son como las gaseosas: unas caseras y otras revoltosas.»
- Especieros: «La mujer es como el *ketchup*: sirve para mojar la salchicha.»
- Ludópatas: «La mujer es como la lotería: si no juegas con ella, no te toca.»
- Fantasmones: «La mujer es como un *tetrabrik*: usar y tirar.»

La corriente salvajista reduce el papel de la mujer a la condición de mera saciadora de apetitos sexuales, y usa un vocabulario no demasiado elegante:

- Poetas: «Hasta la chica más fea es bonita por donde mea.»
- Animosos: «No podemos acostarnos con todas, ¡pero hay que intentarlo!»
- Indecisos: «Ante la duda, la más tetuda.»
- Consejero: «No serás mujer completa hasta que un negro te la meta.»
- Frustrados: «Hay tetas que son lunares y coños que son cicatrices.»
- Desagradables: «¿Qué es la mujer? La mujer es una máquina de joder.»
- Impresentables: «La mujer es la parte inútil del coño.»

HEAVY

Una segunda corriente de pensamiento con notable número de seguidores es la de aquellos que realizan nuevas versiones de famosas sentencias de nuestro refranero:

- Ingeniosos: «A palabras embarazosas, oídos anticonceptivos.»
- Macarrillas: «A tiempo chungo, ¡careto guay!»
- Desconfiados: «Más vale teta en mano que dos en sujetador.»
- Ansiosos: «Dime con quién andas, y si está buena me la mandas.»
- Extravertidos: «Hacerse pajas es bueno, pero follando se conoce gente.»
- Perezosos: «No por mucho madrugar vas a follar más temprano.»
- Aprovechados: «A coño regalado, no le mires los pelos.»
- Retorcidos: «A equino obtenido en obsequio, no le periscopees el incisivo.»
- Seguros: «Coño que no has de joder, déjalo correr(se).»

El siguiente grupo representa la vuelta al dicho de «Vive rápido, muere joven» de los *hippies* de los sesenta, y expresa ideas no compartidas por la mayoría, pero absolutamente respetables:

- Ecologistas: «No pises la hierba, fúmatela.»
- Escépticos: «La realidad es una alucinación producida por la falta de alcohol.»
- Pasotas: «Es malo para la salud, pero porros y birra hasta el ataúd.»

- Pacifistas: «Los gastos militares, para birras en los bares.»
- Acelerados: «Fuma, jode y bebe, que la vida es breve.»
- Agresivos: «Si no fumas, ni bebes, ni follas, ¿para qué vives, gilipollas?»
- Prevenidos: «Para no quedarte enano, un canuto en cada mano.»
- Pacientes: «La droga mata lentamente. No tengo prisa.»
- Conscientes: «Drógate y muere joven, serás un bonito cadáver.»
- Economistas: «Si el vino perjudica tus negocios, deja tus negocios.»
- Suicidas: «Levántate bebiendo, almuerza fumando y acuéstate esnifando, que la vida pasa volando.»

Otro grupo es aquel al que pertenece una serie de sujetos completamente obsesionados con su carrera y que no pueden olvidarla ni siquiera en el momento de realizar estas íntimas confesiones anónimas:

- Físicos: «Julio, Newton y Ampere se fueron a dar un *voltio* y les dieron por el *culombio*.»
- Matemáticos: «La mujer es la expresión matemática más perfecta, porque eleva el miembro a la máxima potencia, lo mete entre paréntesis, le saca factor común y lo reduce a la mínima expresión.»
- Filósofos: «Ya lo dijo Aristóteles y lo confirmó Platón: la última gota se queda en el pantalón.»
- Químicos: «Fórmula química del preservativo: No-metil-lacolina-oxi-metil-metila-con-gomina.

Fórmula química del agua bendita: Hache-Dios-O»
- Estadísticos: «El conjunto de profesores de tercero constituye una muestra aleatoria de hijos de puta con un nivel de significación del 99 por ciento.»
- Zoólogos: «¿Qué le dice un pollo a un pato?: Lo que tú haces con la pata yo lo hago con la polla.»

Otra corriente muy extendida es la de aquellos que encuentran el sentido de la vida en dar satisfacción a su entrepierna. Sus ideales de vida parecen no ir más allá de la calidad de su paquete. Es el grupo de los falócratas. No se suelen contentar con dejar frases de una simpleza y claridad extremas, sino que acompañan las mismas con dibujos de un palmo de largo por dos centímetros de ancho, con algo de pelo en un extremo:

- Medidores: «Quien tenga un buen cipote, ponga aquí un palote: IIIIIIIIIIIIIIIIIIIIIIIIIIIIIIIIIIII-IIIIIIIIIII.»
- *Safe sex*: «No hay coño más sano que la palma de la mano.»
- Exigentes: «No me la pone dura ver esa basura.»
- Temerosos: «Rezad, rezad a San Angulo para que lo que tenéis en la mano no lo tengáis en el culo.»
- Metafóricos: «La chorra es como un abanico: cuanto más la agitas, más te gusta.»
- Rimadores fáciles: «Tengo un cipo muy fino con la forma de un pepino, que por delante echa gotas y le cuelgan dos pelotas.»
- Onanistas existenciales: «Me corro, luego existo. No me corro, luego insisto.»

- Lúdico-fálicos: «Si quieres que te toque la lotería, bájame los pantalones, que verás salir al gordo con dos aproximaciones.»
- Frenéticos: «Joder, joder, no joderemos, pero ¡joder qué ganas tenemos!»

Otra corriente es la de los pesimistas, los desencantados de la vida, los absolutamente *quemados* por los exámenes, los profesores, los estudios, las mujeres...

- Asemejadores: «La vida es como la estaca de un gallinero: corta y llena de mierda.»
- Rencorosos: «Si los profesores hijos de puta volaran, no veríamos el sol.»
- Humildes: «Cuando la mierda cueste dinero, los pobres naceremos sin culo.»
- Deprimidos: «Tantas moscas no pueden estar equivocadas: el mundo es una mierda.»
- Elitistas: «Ser normal es ser gilipollas.»
- Luchadores: «Si lloras porque el sol se ha escondido, tus lágrimas no te dejarán ver las estrellas.»
- Directos: «Amar sin ser amado es como limpiarse el culo sin haber cagado.»
- Profundos: «La gente no muere cuando el corazón deja de latir: la gente muere cuando los latidos no tienen sentido.»

Por otro lado tenemos a los que adquieren auténtica conciencia del lugar en que se encuentran y recurren, lógicamente, a temas escatológicos. Sus hondos pensamientos suelen provenir de la necesidad incontrolable de expulsar residuos por vía rectal:

- Metafísicos: «Ayer cagué duro, hoy cago blando: ¿qué mierda me reservará el futuro?»
- Prácticos: «Para cagar a gusto, caga en alto, la mierda se columpia y no huele tanto.»
- Higiénicos: «Cagad felices, cagad contentos, pero por favor, cagad dentro.»
- Graciosetes: «Lo que le dijo un *water* a un torero: en la plaza muy valiente, pero aquí te cagas.»
- Rarillos: «De los placeres, del gustar, ninguno como el cagar.»
- Solidarios: «El pedo es el grito de la mierda oprimida.»

Por último tenemos una serie de individuos completamente inclasificables, incatalogables en ninguna de las escuelas anteriores, sujetos que van por libre en su filosofía o que tocan aspectos de otras corrientes, aunque no la idea central:

- Pacifistas acérrimos: «Luchar por la paz es como follar por la virginidad.»
- Anarquistas masocas: «Colabora con los maderos: pégate a ti mismo.»
- Surrealistas: «Este era un hombre que cada dos por tres, seis.»
- Emancipadores: «Si no digo que soy huérfano es por el gusto que daría a mis padres.»
- Resacosos: «A cena de vino, desayuno de agua.»
- Reivindicadores: «La tierra *p'al* que la trabaja, así que ¡muertos fuera!»

- Soñadores: «Con paciencia y con saliva, se la encajó un elefante a una hormiga.»

Por supuesto, estas frases se encuentran recogidas en los servicios con la letra «C» de caballeros (o chicos, o cabreados). La existencia de las letras «C» y «S» en los servicios posibilita el chiste fácil y da pie a que más de uno se pase de listo metiéndose en el baño de las chicas: «¡Anda! Pensaba que era "S" de señores y "C" de cerdas.» Las pintadas de los baños femeninos, aparte de escasas, son mucho más comedidas, se limitan a alguna cándida comparación:

«Yo al hombre lo comparo con un trozo de bacalao: si le quitas la cola, le quitas lo más *salao*.»

O también a recoger algún desengaño:

«El hombre promete y promete hasta que la mete, y una vez que la ha metido, nada de lo prometido.»

El baño de mujeres es mucho menos difusor de ideas y tiene un grave hándicap respecto al del sexo opuesto: tener separados los compartimentos, pues de los hombres es bien sabido que las mayores verdades se dicen cara a la pared y teniendo en las manos el futuro de sus hijos.

IR O NO IR A CLASE, HE AQUI EL DILEMA. LA CAFETERIA

Este es el otro gran emplazamiento utilizado por los estudiantes para la difusión de sus ideas, además del lugar más frecuentado por la mayoría de los universitarios. Se da el caso de quienes duplican y hasta triplican en la cafetería el tiempo dedicado a las clases. La gente que frecuenta este lugar puede clasificarse en cuatro grupos:

Los museros

Resultan inconfundibles, con su cigarro en la comisura de los labios, la mirada escrutadora, la mueca desconfiada, las cartas en la mano y unos duros sobre la mesa. Su pasión por las cartas de Heraclio Fournier hace que las pocas veces que acuden a clase lo hagan para montar otra partida. El mus da sentido a su vida, aunque tampoco hacen ascos a la «pocha». Cualquier hora es buena para echar una partidita, incluso las nueve de la mañana:

—¿Merece la pena madrugar para jugar a las cartas?

—Sí, sin duda. ¿Merece la pena madrugar para ir a clase?

—Eeeeh... No estoy tan seguro.

Los fichantes

No son más de tres y se les distingue por estar siempre de pie con una cerveza en la mano y colocados en lugares estratégicos. Se autodefinen como grandes conocedores de la fauna (bacalao, ganado, gallinas, cerdas, zorras, conejos...) y flora (peras, manzanas, melones, follaje, nabos...) autóctonas. Buscan carne fresca, savia nueva. Almacenan en su memoria caras y cuerpos femeninos y recogen datos sobre los mismos (clase, curso, posible amigo/a común, etc.). Mientras lo hacen imploran por un futuro conocimiento (¿bíblico?) que nunca llega.

—La semana pasada soñé con esa tía.

—¿Sí? ¿Sueño de amor platónico o fantasía erótica?

—Je, je, je... Huelga la respuesta.

—Te entiendo. Pues creo que el otro día estaba con Pepe.

—¿Ah, sí? Habrá que hacerse amigo de Pepe, aunque no lo trago.

Los tertulianos

Normalmente es gente que, durante un cambio de clase o en un descanso, pasa por el bar y decide quedarse en lugar de retornar allí donde tendría el aburrimiento asegurado. Los temas preferidos de debate son el fútbol (entre ellos), los estudios (entre ellas), y cuando se juntan todos, las relaciones hombre-mujer, la lógica de la discriminación de esta última y los valores de unos y otras. Este es un aspecto tan interesante que será tratado más adelante al hablar de las conversaciones en el césped. De vez en cuando, los puntos centrales de discusión se mezclan y dan ocasión a curiosos diálogos en los que nunca falta el aspecto picante:

—¿Has visto qué equipo más erótico podría hacerse? Conejo en la portería, Poyatos, Poyet y Penev...

—¡Es verdad! Y te olvidas a Paquete Higuera y a Fali. ¡Y a Pizzi!

—Ya tenemos medio equipo. ¿Añadimos a Gay o le resta erotismo?

—No, no, mételo. El otro día vi a un italiano que

se llamaba Verga. ¡Hombre! ¡Qué error! ¡Nos hemos olvidado de Darío Scrotto!

—¡Y de Raboh Madjer! ¡Joder, qué equipazo! Es superofensivo.

—Pues claro, ¿qué esperabas? El único problema es que su portería será penetrada con facilidad.

—Sí, pero a cambio se correrá bien por la banda. ¿Y cómo podríamos llamar a este *dream-team*?

—Sin discusión: ¡El Foggia!

El tema académico siempre se encuentra presente en estas tertulias, especialmente ante la proximidad de algún examen. Suele ocurrir que alguien conozca al «novio de una hermana de un amigo» que tuvo a tal profesor o a tal otro y que afirma que «suele preguntar esto o aquello» y «le gusta que le pongan tal o cual respuesta en los exámenes». Un consejo: ni caso. Pocas son las ocasiones en las que esas advertencias se corresponden con lo que la realidad nos impone más adelante.

Los ocasionales

Son los estudiantes (tiene gracia que se llame así a todos) vocacionales que vienen a la cafetería para su descanso de media mañana o de media tarde. Se toman un bollo y un café con leche, o un pincho de tortilla con un vaso de agua, y vuelven enseguida a la dureza de las clases para cumplir religiosamente con sus deberes. Sin embargo, estos futuros licenciados también son humanos y tienen su pequeña debilidad, que consiste en alargar el descanso inicial de diez minutos hasta los veinte o veinticinco, con lo que se iguala un poco su reparto de tiempo lectivo-no lectivo.

EL CESPED, ENCUENTRO DE CULTURAS

Cualquiera que oiga las cifras de alumnos matriculados en las universidades españolas y observe el tamaño de las mismas se llevará sin duda las manos a la cabeza y exclamará: «¡No es posible!» Sin embargo, sí es posible si consideramos ciertas circunstancias.

En primer lugar, y como ha quedado bien claro, la matrícula no implica la asistencia a la universidad, con lo que ya eliminamos cerca de un cincuenta por ciento de «excedentes». En segundo lugar, la masificación no es tal dada la cantidad de zonas de esparcimiento de que disponen los asiduos del *campus,* entre ellas, el césped. La vida del universitario no podría entenderse sin la existencia de esta escasa e incómoda hierba. Escasa por el irrefrenable afán por arrancarla, e incómoda por cuanto resulta imposible encontrar una postura en la que no se te duerma ninguna extremidad o no te duelan la espalda, el cuello o el culo. No obstante, y a pesar de los inconvenientes, pocos lugares resultan tan agradables como éste para el sufrido estudiante.

Una peculiaridad del césped que lo emparenta con la liga de fútbol, los toros o los conciertos musicales, es la de tener su temporada. Octubre es un buen mes, dada la despreocupación académica reinante, el reencuentro con los amigos y la suave climatología. Noviembre sufre un acusado descenso del número de visitantes; después, durante el largo y crudo invierno, el césped cierra prácticamente sus puertas. Con la llegada del mes de marzo se abre una nueva temporada. Las inclemencias del tiempo disminuyen y los primeros parciales acaban. Los pantalones vaqueros comienzan a adquirir un ligero tono verdoso. Marzo sólo es el principio de la era dorada del césped, puesto que la afluencia de *pelleros* va aumentando conforme transcurre la primavera y se acerca el verano.

Junio es la cima, la cúspide, el cenit, el *summum* y demás horteradas que puedan decirse, del césped. En esta época es incluso complicado encontrar un lugar donde aposentar las nalgas. La razón de esta nueva aglomeración es distinta a la del resto del año y suele deberse a la reciente finalización de un examen. En efecto, nada tan agradable como, tras acabar una de estas duras pruebas, pedir una cerveza, comentar las perrerías del profesor de turno y acudir en compañía del grupo de amigos al césped a hablar de cualquier otra cosa.

Al césped sólo se puede acudir de dos modos: en pareja o en grupos de cuatro o más personas. En raras ocasiones se dan casos de tres y nunca de uno, por solitario que se sea. Ni que decir tiene que la finalidad y las posturas de unos y otros son bien distintas. Mientras las parejas se extienden horizontalmente y en paralelo con la sana intención de iniciar actos libidinosos y concupiscentes, los grupos se distribuyen en círculo, sentados en posición de Buda. Ocurre con frecuencia que las parejas parecen olvidar que se hallan en un lugar público y rememoran *La noche más X*, gracias a lo cual los grupos tienen motivo para realizar encendidos e irónicos comentarios. Normalmente no se suele pasar más allá de unos apasionados abrazos y achuchones, pero hay parejas que vienen preparadas de casa con una manta y todo, y se emplean en movimientos rítmicos y acompasados.

Las conversaciones de grupo en el césped suelen

MMNN
AH! AH AH AH!
AAAH!
OH OH
UH UH UH

ser las más divertidas, polémicas y distendidas. Los temas suelen ser variados: algún programa reciente de televisión, la borrachera del último fin de semana, la que se prepara ya, el cine y, por supuesto, el sexo. Llegados a este punto hay que hacer una aclaración previa: los hombres jamás dan su verdadera opinión acerca del aspecto sexual tratado. Buscan sólo indignar, y la mayoría de las veces lo consiguen, a las mujeres, que suelen expresar todo lo que realmente piensan y se toman el tema muy en serio. Veamos algunos ejemplos.

EJEMPLO 1

CHICO 1: —¡Hala, joder, mira a ésa!

CHICO 2: —¡Qué pasada! Luego se quejará de que la violen.

CHICA 1: —Pero qué brutos sois. Si le gusta ir así, que vaya como le dé la gana.

CHICO 2: —¿Qué busca con ir así? ¡Provocar! Y si provoca, pues que le den su merecido, que es lo que va buscando.

CHICA 2: —Desde luego, yo no sé si habláis en serio, porque a veces lo parece.

CHICO 1: —Pues claro que hablamos en serio. Además, seguro que esa tía es de las que piensan que «si la violación es inevitable, relájate y disfruta».

Risas masculinas y leves sonrisas femeninas.

EJEMPLO 2

CHICO 1: —¿Dónde vamos a llegar? Ya hay tres mujeres en el Gobierno, tres ministras. Puede ser el hundimiento definitivo, ¡el caos!

CHICO 2: —Bueno, mientras sean ministerios marginales no pasa nada, pero poco a poco se van metiendo donde no deben, y eso sí que es preocupante.

CHICA 1: —Pues las mujeres valemos muchísimo más que los hombres para bastantes cosas, somos más inteligentes, más trabajadoras (*bla, bla, bla...*)

CHICO 1: —¡Tonterías! Las tías sólo servís para las tres «ces».

CHICA 2: —¿Las tres «ces»?

CHICO 1: —Cocina, cotilleo... ¡y cama! ¡Y que no os saquen de ahí!

Risas masculinas y frustración femenina.

EJEMPLO 3

CHICO 1: —¿Viste ayer a X? (*X: nombre de alguna famosa modelo, actriz o cantante.*) ¡Qué buena está!

CHICA 2: —¿Que os gusta X? Pero si no vale nada y además es tontísima.

CHICO 2: —¡Joder, pues más fácil me lo pones! Si no se puede hablar con ella, ¿qué vas a hacer? (*gesto de cerrar los puños a media altura y atraerlos hacia el cuerpo*).

CHICA 2: —Y te cansas de ella, porque para que una chica te guste tiene que tener mucho más.

CHICO 1: —Si eso no te lo discuto. Yo soy el primero en decir que esa tía es de taponazo en la boca ¡y a la cama!

CHICO 2: —Y además, si es tonta, pues mucho mejor, y si encima es sumisa, ya es perfecta.

CHICA 1: —¡Seguro! Seguro que ése es tu modelo de mujer.

CHICO 2: —Pues no te digo que no. Yo he visto el culo de esa tía ¡y está hecho para esta mano!

Carcajadas masculinas y desaprobación femenina.

LA BIBLIOTECA... ¿DE VERDAD EXISTE?

La biblioteca de la facultad consta de dos partes bien diferenciadas: la destinada propiamente al almacenamiento y utilización de los preciados (unos pocos) y despreciados (en su inmensa mayoría) libros, y la sala de estudio anexa, que es en lo que más nos vamos a extender.

El primer sitio es uno de los rincones menos conocidos por todo estudiante que se considere normal. La proporción carnets de biblioteca-estudiantes es, sin duda, ínfima. ¿La razón? Que pocas veces resulta necesario acudir a esta fuente de sabiduría (en ocasiones), y de conocimientos inútiles (en otras). Por otra parte, cuando resulta de vital importancia hacerse con un libro o un manual para algún trabajo, siempre hay alguien más rápido que se lo ha llevado y existe ya una lista de espera que no envidiaría ni la Seguridad Social. A pesar del loable empeño de los empleados de la biblioteca, normalmente mujeres, ningún otro libro resulta válido para el trabajo, con lo que éste se suele realizar de un modo chapucero, de baja calidad y sobre otro tema. Un altísimo porcentaje de los trabajos universitarios se redacta simplemente para cumplir, para lograr una crucecita al lado del nombre en las fichas del profesor. Crucecita por otro lado inútil a la hora de fijar el profesorado las calificaciones de la asignatura. La experiencia dice que rarísimo es el caso en que un trabajo ha servido para alterar una nota, por muy bueno que fuera y por mucho que insistieran los profesores sobre la utilidad del mismo.

La sala de estudios anexa parece tener el cartelito de «Silencio, por favor» como un comentario irónico más que como una petición. La lista de elementos distorsionadores del estudio es interminable: las conversaciones a gritos, las carcajadas, los movimientos de sillas, las chirriantes bisagras de la puerta, las gomas de las carpetas, los portazos... y hasta el crujido de unas patatas al ser masticadas.

Todos estos ruidos y alguno más hacen de esta sala uno de los lugares menos apropiados para el estudio, a pesar de lo cual, y en lenguaje torero, podemos decir que presenta casi siempre un lleno hasta la bandera. Una vez más, y como casi toda plancha de madera un poco lisa, las mesas sirven para plasmar la inspiración de unos, las frases lapidarias de otros y los garabatos sin sentido de la mayoría. Estas salas de estudio son bastante más frecuentadas que la biblioteca en sí, especialmente durante las horas previas a un examen, momento en el que resulta fácil encontrar que la mitad de las mesas han sido ocupadas por gente de la misma clase en busca del último conocimiento que almacenar en su memoria, de la última posible pregunta que comentar con el de al lado, del último chiste que relaje la tensión. En fin, que el nivel de decibelios que se alcanza en estos momentos anteriores a un examen suele recordar más a una calle cualquiera que a una sala de estudio.

A pesar de todas estas incomodidades, hay algunos clientes fijos, locos incombustibles, de la sala de la biblioteca. Suele ser una pareja que, tras acabar las clases, come rápido y se enfrasca en el estudio durante cuatro o cinco horas. Sólo se conceden la pausa de un café a media tarde. Sobre su capacidad de aislamiento frente al ruido externo y su resistencia al agotamiento mental podría escribirse otro libro.

«VUELVA USTED MAÑANA», O LA SECRETARIA

Desgraciadamente, es éste uno de los pocos lugares de obligada visita varias veces al año. Y digo desgraciadamente porque al salir de ella el estado de ánimo suele ser una mezcla explosiva de indignación, rabia, desesperación y cabreo que genera unas ganas difícilmente controlables de asesinar al primero que se te cruza.

Ya antes de empezar el curso tenemos que acudir, pues hay que llevar a cabo el duro trámite de la matrícula. Merecería ser incluido en el *Guinness* aquella persona que se matriculara en un primer y único asalto a la secretaría. Cuando no es una fotocopia es el recibo del bautizo, la licencia de pesca, el certificado de vacuna contra la tuberculosis o la póliza de dos pesetas con cincuenta. El caso es que siempre falta algo. Y no sólo eso: si el trámite se hiciera en cinco, diez, quince minutos o incluso en una hora, todavía podría soportarse, pero cuando las colas recuerdan al pabellón de Canadá de la Expo, los nervios no pueden contenerse y ni siquiera Job aguantaría tan larga espera. Son muchos los estudiantes, sobre todo de los primeros años, que acuden después de un buen sueñecito, hacia las once de la mañana, para realizar su matrícula. Pues bien, la espantosa visión que se les presenta les hace desistir de sus proyectos y «ultramadrugar» para volver a intentarlo al día siguiente.

Cuando, ¡por fin!, tras varios intentos frustrados, unas cuantas horas de pie y una revisión a fondo de los papeles a presentar, se llega a la ventanilla, uno se explica en parte la inhumana tardanza a que se nos somete. La Secretaría sólo abre la tercera parte de las ventanillas de que dispone, situadas a muy baja altura y con el resto de la pared de cristal opaco. ¿La razón? Pues que si te agachas para mirar por la escotilla hacia el fondo de la estancia verás que no abren sólo la tercera parte por falta de personal, sino, ¡loable acto!, para no interrumpir la concienzuda resolución de un crucigrama, la apasionante lectura de un periódico deportivo o una animada charla informal en torno a las mesas de ¿trabajo? En descargo del personal de Secretaría hay que decir que el desafortunado al que ese día le toca trabajar y atender a los estudiantes (¿Pares y nones? ¿Chinos? ¿Un número del uno al diez?) pone todo su empeño en que la próxima visita sea la definitiva.

Una vez formalizada la matrícula, ¡enhorabuena! Sin embargo, no con ello nos despedimos de la Secretaría hasta el año siguiente. No caerá esa breva. Siempre habrá un certificado de estudios que pedir, una solicitud de cambio de grupo que rellenar, una especialidad que elegir, un certificado de notas, de buena conducta, de licenciatura, ¡de defunción!, que obtener y para los cuales, irremediablemente y tras múltiples avatares, habrá que acudir a la Secretaría. En estas ocasiones las colas son mucho menores (tipo pabellón de Israel, por seguir con el símil de la Expo), pero los papeleos y trámites burocráticos serán mucho mayores.

PRIMER INTENTO

Parodiando a Joaquín Prat, hay que ir ¡a pagar! Es éste un paso obligatorio y común a todo trámite: siempre hay que apoquinar. Y qué mejor lugar para ir a pagar que un banco situado en la otra punta del *campus*. Gracias a esto, en la mayoría de los casos se acaba soltando la pasta al día siguiente en un banco cercano a casa.

SEGUNDO INTENTO

«Escribir una solicitud al decano y añadir fotocopia del DNI.» Como las fotocopiadoras no son precisamente un ejemplo de buen funcionamiento (véase apartado siguiente) y la solicitud requiere su tiempo para retorcer el lenguaje y lamerle disimuladamente el culo al decano, es preciso volver otra vez al día o a la semana siguiente.

TERCER INTENTO

«Bien, ya está todo. Espera una semana a que salgan las listas o a que te contesten y ya está.» Todo son agradecimientos y reverencias a nuestro bienhechor, y uno se vuelve a casa con cierta sensación de alivio.

Pasa una semana. No hay respuesta. «Bueno, tardará un poco más.» Dos semanas. No hay respuesta. «Tendrán mucho jaleo, ya llegará.» Tres semanas. No hay respuesta. «¿Qué pasa? Voy a preguntar.» Cuatro semanas. No hay respuesta. Ni siquiera te molestas ya en mirar. A los dos meses aparece la contestación cuando ya casi ni te acuerdas de para qué lo habías pedido. En otros casos (sistema de listas) te enteras por un compañero infatigable que ha permanecido al pie del cañón casi a diario:

—No te han admitido.

—Bueno, ya da igual. Hace dos meses me hubiera importado, pero ahora mismo ni me va ni me viene.

LA LUCHA POR LA SUPERVIVENCIA EN LAS FOTOCOPIADORAS

Quizás el gran negocio universitario, la gran fuente de ingresos, por encima de las matrículas y de la cafetería, se encuentre en estos artefactos que jubilaron tristemente a los monjes amanuenses. Los artífices de este próspero negocio no son precisamente unos magos de la publicidad que incitan al consumo masivo de sus productos, sino unos profesores a los que no parece importar demasiado el tamaño de los bíceps de sus alumnos ni la capacidad de sus bolsillos. En efecto, muchos son los profesores con verdadera devoción por las fotocopias: «Tomad esto, esto y esto» es una frase que se repite de un modo directamente proporcional a la cercanía a un examen. A la manía de estos profesores hay que añadir el ya mencionado absentismo de que hacen gala buena parte de los universitarios, con lo que durante las vísperas de los exámenes las fotocopias se hacen más necesarias aún y su obtención es comparable a las posibilidades de supervivencia en las rebajas de los grandes almacenes.

Hacer fotocopias puede parecer, *a priori*, una tarea

enormemente sencilla, pero nada hay más lejos de la realidad. En primer lugar, es preciso buscar al compañero (normalmente compañera) de buena letra, mejores apuntes y asistencia intachable. Amigas de esta clase escasean, con lo que sus apuntes suelen tener varios pretendientes (ella menos) y hay que apuntarse a la lista de espera. Una vez conseguidos los apuntes comienza la verdadera odisea, la milagrosa aventura de encontrar fotocopiadoras libres.

Hay dos tipos de fotocopiadoras en toda facultad: el servicio de fotocopiadoras y el autoservicio. Comencemos por este último. Tiene una mínima ventaja respecto al primero en cuanto a afluencia de gente y varios inconvenientes en otros aspectos: la lentitud exasperante de quienes van delante de ti; el hecho de que no devuelve cambio (aquí las nuevas monedas han sido más rechazadas aún que entre la sociedad en general); y una facilidad inusual para estropearse cuando ya se acerca tu turno. ¿A quién no se le ha jorobado la máquina cuando el anterior cliente ya estaba acabando o, peor aún, cuando tú estás empezando? Eso sin mencionar las veces que ya no le apetece tragar monedas. El caso es que son numerosas las ocasiones en que se «joden» estas fotocopiadoras y le «joden» a uno. En estos casos los golpes se suceden y apetece pegarle fuego al supuesto adelanto de la tecnología, a la máquina que en teoría debería facilitarte el trabajo. Si alguna vez ves una fotocopiadora libre por un pasillo, no lo dudes: no funciona.

El acudir al servicio de publicaciones disfruta de la ventaja de una mayor rapidez y de una nula disposición a estropearse por parte de las máquinas, pero tiene en su contra un gran inconveniente: las larguísimas

R.I.P.

colas (tipo pabellón de España en la Expo). Estas filas, además, están repletas de gente que va cargada por necesidades propias y encargos ajenos, es decir, unos trescientos folios por persona. Los rostros de los sufridos buscadores de fotocopias se hallan desencajados por esa urgencia vital. Idos, desesperados, con un nudo en la garganta, como quien espera el resultado de una intervención quirúrgica a un familiar. La sensación de liberación al conseguir las preciadas fotocopias es tal que ni siquiera importa desembolsar la notable cantidad que cuestan, y con la que uno podría pagarse una buena cena. Por si acaso, para desanimar a los últimos miembros de la nutrida cola, y para eliminar clientela, hay un conveniente letrero situado en la ventanilla de dicho servicio:

SE CERRARA SIN PREVIO AVISO

Más les valdrá no llevarlo nunca a la práctica si no quieren sentir las iras largo tiempo contenidas de los pacientes (ya impacientes) perseguidores del apunte de última hora.

AQUELLOS CHALADOS CON SUS LOCOS CACHARROS: LOS ORDENADORES

Para hacerse una idea de la desesperación a que puede llegarse en la sala de informática basta con decir que sus usuarios envidian incluso a los pacientes sufridores de los sinsentidos burocráticos de la Secretaría y a los todavía más pacientes y sufridores asiduos de las fotocopiadoras. Antes de nada hay que advertir que la educación universitaria en el cada vez más necesario mundo de la informática es tan rica como una dieta adelgazante en calorías, o tiene tanta calidad como un programa televisivo en horario privilegiado. Nos encontramos así con unas salas repletas de costoso material y atónitos usuarios. Vemos valiosos equipos y estudiantes incapaces de aprovecharlos. En fin, la imagen de esos bonitos trastos genera una sensación de inutilidad como pocas veces se puede tener.

Sin embargo, vayamos por partes. La necesidad de acudir a tan temida sala surge cuando algún avispado profesor recomienda-exige un trabajillo que precisa de tal o cual programa. Normalmente se trata de trabajos en equipo, lo que no hace sino complicar en mayor medida la ya de por sí compleja tarea de adquirir unos mínimos conocimientos sobre el programa en cuestión. Las dificultades crecen por cuanto nunca coinciden las opiniones de unos y otros y, a la larga, tras preguntar al encargado de la sala, se descubre que ninguno tenía razón. Hay quien dice que la informática es la cosa más lógica del mundo. Que no le oiga ningún experto en desequilibrios mentales.

Otro factor a tener en consideración es la *pachorra* propia de todo estudiante, no sólo universitario: si dispone de dos meses para realizar un trabajo lo hará sin lugar a dudas la última semana, con lo que se añade un nuevo problema, el de encontrar un ordenador libre.

Supongamos que tras una encarnizada batalla ya se dispone de uno. Ahora comienza la auténtica guerra, la cruenta lucha, la feroz disputa contra los aporreables teclados, la inmóvil pantalla y el complicadísimo lenguaje. Es triste pensar que dentro de muy pocos años una de cada dos personas se ganará la vida frente a un ordenador. Supongamos (y van dos) que se ha entrado en el programa después de las preguntas de rigor:

- ¿Dónde se enciende?
- ¿Cómo se entra?
- ¿Y ahora qué?

Empiezas a teclear. Intentas hacer lo que crees que debes y te encuentras con algo insólito, inesperado: nada resulta como tú querrías.

—¿Qué has hecho? ¿Qué has tocado?

—No sé. Creo que le he dado a la tecla gorda ésa.

Tras múltiples intentos fallidos se recurre a la ayuda externa por este orden: un compañero de clase que se encuentra por allí «pringando» también por otro trabajo. Después vendrá un desconocido que parece controlar y, finalmente, el encargado de la sala.

¡Vaya, la solución parecía sencilla! A los diez minutos, nuevo parón, nuevas dudas, nuevos intentos frustrados y nueva recurrencia a la ayuda externa.

—Ahora te toca preguntar a ti.

—Joder, si es que ya me da corte. ¡Qué negados somos! Un último intento.

¡Plic!

—¿Qué has hecho? ¡No toques nada! ¡Déjalo así!

Suele ocurrir que a base de golpes, equivocaciones y mucha paciencia se consigue aprender algo de un programa. Vuelves a teclear con rabia y con cierta seguridad, como si ya lo entendieras todo y, de repente, te vuelves a bloquear. Ya son demasiadas veces dando la vara, así que decides enfrentarte a solas con la máquina. Tras media hora perdida y gran cantidad de sonrisas por no caer en el llanto, uno de los componentes del grupo de trabajo (*pffff*) acaba volviendo a solicitar ayuda exterior. Produce auténtica vergüenza mostrar tanta ineptitud, pero qué remedio queda.

Supongamos (¡y van tres!) que se ha conseguido acabar con la parte del trabajo correspondiente a ese día. Llega el temido momento de grabar las cuatro cosas obtenidas tras interminables horas de infructuoso esfuerzo. Más dudas, más intentos, pero al final se suele grabar sin ayuda externa, con complicaciones, pero se consigue. Lo normal es que esta inseguridad nos lleve a archivar por triplicado las cinco líneas que hemos conseguido escribir, ya que nunca se está seguro de haberlo logrado a la primera ni a la segunda y, a veces, ni a la tercera. Peor aún es creer que se ha grabado, desenchufar y descubrir al día siguiente que no se tiene nada. Puñetazos, quejas, tila y a repetir el trabajo. Una buena muestra de la desesperación a que se llega se encuentra en los nombres que se dan a las partes grabadas que luego deben recuperarse: se comienza poniendo el nombre de algún componente del grupo y se acaba nombrándolo con algún taco que exprese la furia contenida. Por ejemplo: «Joder», «Coñazo», «Cojones», «Coñazo II», «Coñazo III»...

Supongamos (he perdido la cuenta) que se ha logrado terminar el trabajo de marras en pantalla. Comienza la no menos complicada tarea de imprimirlo.

Supongamos (¡y van...!) que se dispone de impresora, obtenida tras varios madrugones, codazos y súplicas. Estas máquinas pueden ser de dos tipos:

- De tinta, en cuyo caso no tendrán tal y serán inutilizables.
- Láser, que estarán tan solicitadas como un personaje morboso.

Si se tiene la suerte de poder usar la impresora, ¡ánimo! Adelante, pero un aviso: lleva el triple de folios de los que vaya a ocupar el trabajo. Aun así habrá que pedir prestados más. ¿Por qué? Muy sencillo: unas veces imprimirá lo de otro ordenador, otras sólo la mitad de lo deseado, otras torcido, y en muchas ocasiones borroso. Al final suele obtenerse el trabajo por triplicado, se eligen las copias más decentes de las tres, se grapa y se entrega con cierto gesto de vergüenza. Lo normal es acabarlo el día antes del límite, pero hay quien lo entrega todavía caliente de la impresora, como el pan recién sacado del horno.

Por último, y para finalizar con este apartado de la supuesta tecnología punta (¿no sería mucho más bonito y personal un manuscrito con letras góticas y gráficos en papel cuadriculado y con rotuladores Carioca?), no podría olvidar los tan temidos virus informáticos, como el Viernes 13, el Barrotes o el de la madre que lo parió. Suelen aparecer tras una jornada de trabajo intenso en el que, por una vez, se han logrado buenos resultados, justo cuando estás pensando en imprimir esas páginas de las que te sientes medianamente orgulloso. En fin, cuando parece que el esfuerzo es fructífero, de repente, ¡paf!, todo desaparece, el ordenador se bloquea, el disquete se infecta... Es el típico momento en el que lo único que apetece es estrangular a la persona más cercana, lanzar el monitor por la ventana, arrancar de cuajo todos los cables y pisotear el teclado al estilo de Lola Flores. En definitiva, hay que ser muy fuerte para poderse controlar y no ceder al impulso natural del asesinato. Tendría que presentarse un día uno de estos graciosetes inventores de virus delante de sus víctimas, ya vería cómo le reían la gracia.

LOS COMEDORES O EL AYUNO VOLUNTARIO

Resulta digno de análisis observar el hambre que despierta en los estudiantes acudir a cuatro o cinco horas de clase. Sin embargo, es más interesante aún comprobar cómo ésta desaparece al llegar a los comedores. El hambre atroz y el apetito voraz pueden desaparecer con sólo echar un vistazo al menú del día. Barato sí que es, desde luego (no suele superar las quinientas pesetas), pero la relación calidad-precio probablemente difiere poco de la de Arzak. Las dolorosas razones que obligan a quedarse a *papear* en los comedores y que hacen añorar, por increíble que parezca, las lentejas caseras, suelen ser el dichoso trabajo en equipo, un examen o un partido, el cual se suele perder debido a la subsiguiente descomposición interna.

Según se llega al comedor, amplio y espacioso pero abarrotado, se encuentra uno con que no se libra de hacer cola. Se ve que hay unos valientes fijos que comen a diario en la universidad y que poseen unos vales de diez o más comidas. Al verlo, el estómago protesta y dice: «Por favor, no te compres nunca un vale de esos.» Mientras se hace cola se elige mediante el tradicional sistema de eliminación entre los suculentos manjares del menú. El postre, que suele consistir en natillas o flan, a menudo es lo único decente y es una pena que no se pueda repetir o tomar los tres platos del mismo. Un truco universitario para contrarrestar el hambre consiste en coger mucho pan y mojar en todas las salsas que se encuentren, incluso en las natillas. Se bebe además agua en abundancia, con lo que se logra tener la sensación de haberse echado algo al estómago, lo suficiente para engañarlo y aguantar en pie el resto del día.

Una vez hecha la elección mental, cuando llega nuestro turno y observamos la pinta de los platos que se nos ofrecen, más de uno se echa para atrás y elige otra cosa, aunque sin estar en absoluto convencido. La selección se hace bandeja en mano, que puede ser de dos modelos diferentes:

- La tradicional, de madera, y donde te dan platos-platos. No son de esos que los pisa un elefante y aguantan, pero platos son al fin y al cabo.
- La metálica tipo *MASH*, dotada de una serie de cavidades donde te sueltan la comida con poca delicadeza y te salpica los pantalones.

Una vez elegida y pagada la comida, se busca sitio, que suele escasear, y comienza el proceso de darle vueltas a la comida hasta que se comprueba que el primero que se ha atrevido a hincarle el diente no ha perecido en el intento. Superadas estas reticencias iniciales se disfruta de una entretenida sobremesa en la que los asuntos centrales a tratar suelen estar relacionados con las exquisiteces gastronómicas de esta vida o, por el contrario, con el origen dudoso de algunos alimentos.

—El otro día vi a Arguiñano preparar un plato que se me caía el escroto a cachos sólo de verlo.

—Mmmhhh... ¿Habéis visto qué colorcillo tiene esta salsa? Me recuerda la diarrea ulcerosa que tuve la semana pasada.

—¡Pero qué asco das! ¡Que estamos comiendo!

—Hablando de diarreas, el otro día tuve una cagalera que yo creo que se podría hasta embotellar. Era como pintar a pistola la taza.

—Creo que voy a vomitar.

—¡Bieeen! Entonces, ¿no quieres tu comida?

Durante estos banquetes también puede adivinarse quién sobreviviría en plena jungla comiendo raíces y quién no. Y es que junto a casos como el de aquel que devora, engulle, limpia y lame sus platos y los ajenos se da el de esos otros que apenas se han llevado nada a la boca. Los hay escrupulosos y los hay verdaderamente hambrientos.

El «rancho» ofrecido en los comedores tiene además el inconveniente de repetirse más que el ajo, con lo que el resto del día se lo pasa uno sufriendo de gases que evocan las «deliciosas viandas» engullidas poco antes. Esos días, al llegar a casa por la noche, se termina soñando con un banquete de boda y el apetito es tal que uno se comería a su madre. Por desgracia esta situación suele coincidir con las duras jornadas en las que la cena casera consiste en judías verdes y otros manjares por el estilo. El estómago se resiente, la madre es recriminada y sólo se consigue sobrevivir tirando de embutidos.

EL PUTO TRANSPORTE PUBLICO

Sin contar a los privilegiados que disponen de coche propio, existen tres medios de transporte para acudir a la universidad. No son precisamente tierra, mar y aire, sino autobús, metro y tren. Cada uno tiene sus ventajas (¿Ah, sí?) y sus inconvenientes (¡Ah, sí!). Vayamos por testículos, digo, por partes.

Los autobuses

La probabilidad de que un autobús arranque de repente es directamente proporcional a tu cercanía a la parada. Si además llueve, la probabilidad se duplica. Suele ocurrir durante los días de lluvia que los autobuses tardan una eternidad en llegar a la parada y no hay sitio bajo la marquesina más que para guarecer a dos personas (por lo general las dos únicas personas que tienen paraguas). Así que uno puede estar calándose tranquilamente durante media hora hasta que llega el siguiente autobús, tan esperado y retrasado como el pacto social. La aparente tranquilidad de la cola se convierte de pronto en avalancha, gritos e insultos cuando el vehículo aparece por fin. Las posibilidades de que el autobús se detenga encima de un charco dependen directamente del tamaño de éste. Algunos autobuses llevan un cartelito en su interior donde puede leerse la broma siguiente:

55 sentados
19 de pie

La proporción real suele ser la contraria: tres de pie por cada uno sentado. Una vez apretujados dentro del vehículo nos encontramos con el principal problema de toda ciudad supuestamente moderna: el tráfico. La media de velocidad suele rondar los veinte kilóme-

tros por hora, más o menos como un ciclista de paseo, aunque en recorrer alguno de esos kilómetros puede llegar a tardarse más de quince minutos, es decir, aproximadamente al ritmo de una viejecita de noventa años apoyada en un bastón y sin ayuda de su hija. En este mundo de los adelantos tecnológicos que vivimos, nada hay tan desesperante como ir de pie dentro de un autobús, en hora punta, y viendo que no llegas, no ya a la primera clase, sino a la segunda.

El metro

¿Quién duda de que en algunos servicios no estemos al nivel de las grandes potencias mundiales? ¿Quién se atreve a poner en tela de juicio nuestra red de metro al compararla con las de los países más avanzados? ¿Acaso no podemos equipararnos con los japoneses en aglomeraciones humanas y a la vez inhumanas? ¿Y no tenemos una decoración a base de *grafittis* que envidiarían incluso en Nueva York? ¿Acaso no está tan poblado de bandas neonazis violentas, irracionales y vándalas como las alemanas? ¿Acaso el metro de Moscú tiene una mayor densidad de músicos por baldosa cuadrada? ¿Tiene la red londinense pasillos tan kilométricos como los nuestros? ¿Pueden los franceses jactarse de una suciedad mayor en su red interurbana de trenes? La respuesta a todas estas cuestiones es NO. El metro español puede jactarse de tener «lo mejor» de cada casa y más.

El tren suele llegar en el momento en que uno está bajando las escaleras, y pese a las carreras y los empujones siempre te das literalmente con la puerta en las narices. Al sentimiento de frustración por esta pérdida se une la angustia de mirar la hora y comprender lo tarde que se va a llegar ese día. La proporción de trenes suele ser de dos por el andén opuesto por cada uno que circula en el nuestro. A la vuelta de clase, y a pesar de encontrarnos ahora en el otro sentido, esta frecuencia se mantiene.

Cuando por fin llega el tren, comprobamos que los vagones se encuentran atestados de gente. Uno traga saliva ante la difícil empresa que le toca acometer a continuación. Con alivio se observa que bajan unas cien personas de cada vagón, pero enseguida vemos que da igual: suben doscientas. Así que es imposible evitar un mochilazo, o un codazo, en las costillas, mientras se descubre que abrillantar los zapatos fue perder el tiempo. En invierno, el metro representa una invitación a los constipados, debido a los cambios de temperatura interior-exterior. En verano recuerda a aquel anuncio que decía: «Si al abrir la puerta sientes algo así...», y un guante de boxeo te golpeaba en plena cara.

El tren

La puntualidad de los trenes es menor aún que la de las mujeres. Esto significa que esos horarios que se reparten tienen simplemente un carácter indicativo. Un fenómeno muy curioso es el que se produce según te acercas a la estación. Los estudiantes que se encuentran a cien metros de la misma, al ver un tren parado en el andén, salen corriendo para intentar alcanzarlo. Los que se encuentran a trescientos metros, al ver a los que están a cien, también echan a correr con el mismo objetivo. Los que tienen la desgracia de hallarse a quinientos metros del punto de destino, al ver a los que están a trescientos, también se ponen a emular a Ben Johnson. Los que están a un kilómetro... Conclusión: los que estaban a cien metros pierden el tren por diez segundos; los que estaban a trescientos, por un minuto; y los que estaban a quinientos se preguntan para qué coño han corrido.

También puede ocurrir que los que se encuentran a quinientos o más metros de la estación, acostumbrados a quedarse tirados, digan: «Bah, paso de correr.» Sin embargo, según se van acercando y comprueban que el tren todavía sigue allí, abandonan su pereza y se lanzan a la carrera. En estos casos, el tren parece dar su merecido a los perezosos, porque arranca en el justo momento en que éstos pisan el andén. «A esperar media hora, je, je.» Es la ley del tren cachondo: «Si corres, te doy con la puerta en las narices, y si no corres, también.»

El tren, por lo general, suele ser gratuito, porque casi nunca pasa el revisor. A pesar de esto, en el ochenta por ciento de los casos se ha comprado billete. Ocurre que los revisores, astutos y hábiles donde los haya, sólo realizan su trabajo el día que no llevas el correspondiente billete. Afortunadamente, siempre hay otros dos o tres «polizones» en los vagones delanteros que al grito de: «¡*Pica, pica*!» provocan automáticamente el movimiento de otras cuatro o cinco personas hacia los vagones traseros. Si se tiene la suerte de llegar a buen puerto antes de que el *pica* alcance el último vagón, ¡enhorabuena!. Si no es así, habrá que recurrir a la típica excusa: «No me ha dado tiempo a comprarlo.» En estos casos se paga el doble de la tarifa normal y hasta otro día. Es gracioso observar cómo en el último vagón se congregan todos los que no han tenido tiempo de comprarlo.

«TARDE O TEMPRANO ACUDIRAS.» LOS DESPACHOS DEL PROFESORADO

Sin ser lugares especialmente frecuentados, merecen ser tenidos en consideración por cuanto puntuales y calculadas visitas pueden tener reflejo en las calificaciones. No obstante, es éste un recurso muy poco utilizado *a priori* (antes de un examen), y casi obligatorio *a posteriori* (cuando se busca la revisión del mismo). Es en estos despachos donde suele encontrarse el lado humano de los profesores, aunque siempre hay alguno al que, por más que se busque, ni siquiera se le intuye esta faceta. Siempre hay una foto de la familia, un dibujo de la niña de cuatro años (horrible, pero que hace mucha ilusión), una postal o tarjeta de felicitación recibida tiempo atrás, varios *posters* que recogen los gustos de cada uno... Además, en estas pequeñas estancias de tres por cuatro metros los/las profesores/as se muestran mucho más tratables, infinitamente más afables. Desconocidos a fin de cuentas.

Los estudiantes suelen mejorar su concepto del profesor tras su visita al despacho. Después, tras la publicación de las notas, se vuelve a la primera y tradicional apreciación de «profesor = enemigo». ¿Quién no ha oído nunca?:

—Con lo majo que parecía y ha resultado ser un cabronazo.

—Mucha sonrisita y luego te pega el palo.

—¡*Cagüen tos s*us muertos! ¿Pues no se ha reído de nosotros?

Tarde o temprano, todos los estudiantes sin excepción tendrán que rendir visita al despacho del profesor de turno. Sin embargo, no todos lo hacen por los mismos motivos. Por ello se puede elaborar la siguiente clasificación de la que nadie escapa:

Los fijos

Por increíble que parezca, hay que recuperar el viejo y manido término colegial de «pelota», porque es un término mucho más válido y aplicable a la universidad que a los lejanos años del colegio. Un pelota es ese habitual de los despachos, ese tipejo que no falta a ninguna tutoría, ése o ésa que se acerca a la mesa del profesor, una vez terminada la clase para resolver una supuesta duda. Es todo aquel capaz de preguntar lo más obvio con tal de individualizarse, de diferenciarse del resto de la masa. Hay profesores que se prestan en mayor medida a este juego, del mismo modo que hay alumnos siempre dispuestos, con la escopeta permanentemente cargada. Por ello las visitas de este tipo de alumnos al despacho tienen lugar siempre *a priori*, rara vez *a posteriori*, excepto cuando se trata de subir la nota de aprobado a notable, o de notable a sobresaliente.

Estudiantes llenos de dudas la semana previa al examen

Es un grupo bastante más amplio que la reducida elite o escoria anterior. Como ya hemos visto, y a pesar de los consejos, el estudiante suele dejar todo para última hora (el estudio, los trabajos, los papeleos...), con lo que durante esa semana previa el despacho del profesor se encuentra muy concurrido y la gente se agolpa en el pasillo en busca de solución a la última duda, tratando de adivinar en qué va a consistir el examen o intentando averiguar alguna pregunta del mismo. También están aquellos que acuden con la duda como excusa y la familiarización del profesor con su rostro como verdadero objetivo. Estas visitas de última hora suelen tener como resultado la resolución de alguna de las dudas expuestas y la aparición de muchas otras nuevas. Conclusión: se vuelve a casa más confuso de lo que se salió.

INJUSTAMENTE SUSPENDIDOS (TODOS)

Este es el colectivo más numeroso: son los asistentes *a posteriori*, la viva imagen del atropello, los ávidos buscadores de esa necesaria décima o, al menos, de la explicación a su fracaso. Llegan las apasionantes e inútiles revisiones de exámenes. Apasionantes por cuanto suponen de tira y afloja, de toma y daca, de partido de tenis, e inútiles porque los casos comprobados de variación en una nota son tan extraños como una buena corrida de Curro Romero. A pesar de que sólo acude a las revisiones alrededor de la mitad de los suspendidos (aunque el ochenta por ciento de los que se presentaron obtuvieron calificaciones negativas), los pasillos se encuentran abarrotados y la lista de espera hace desistir a más de uno. Las revisiones de examen son algo tan curioso y conllevan tantas peculiaridades que merecen capítulo aparte más adelante.

MENS SANA IN CORPORE SANO: EL POLIDEPORTIVO

Si la universidad dispone, además de cafetería y césped, de un polideportivo, el esparcimiento estudiantil está garantizado, la asistencia a las clases será menor aún y se contribuirá a la consecución del ideal clásico de salud. Apuntarse con varios colegas a alguno de los campeonatos internos o a alguna de las diversas actividades deportivas impartidas en el polideportivo asegura la excusa perfecta para *fumarse* un par de horas de clase (en principio; luego estas dos horas se suelen convertir en toda la mañana o en toda la tarde).

«Mañana tenemos partido» supone un doble motivo de satisfacción: de un lado, la meramente deportiva de corretear tras un balón, y de otro, la imposibilidad (¡mecachis!) de acudir a clase a tragarse un bodrio espantoso. ¿Quién dudaría, aunque fuera un instante, entre un disputado partido de futbito y unas interminables horas escuchando teorías inútiles y razonamientos que sobrepasan los límites de lo inteligible?

Un equipo aficionado de futbito, baloncesto o voleibol universitario consta de los siguientes elementos:

- Dos incombustibles practicantes del deporte en cuestión, que son los que buscan y convencen al resto.
- Dos o tres forofos, pero menos, que piensan que un partidillo nunca viene mal.
- Otros dos que dejaron un poco de lado el deporte al acabar el colegio y pretenden ahora rememorar tardes gloriosas.
- Un amigo de uno que es de otra clase y juega bastante bien.
- Un amigo de éste que es bastante «paquete».
- Un antideportista, alguien que colgó las botas a los trece años, que era el último en ser elegido a «pares y nones» en el colegio y al que han con-

vencido a duras penas para participar aunque sea sólo un rato. Normalmente, este individuo sólo jugará «los minutos de la basura» de los tres o cuatro primeros partidos. Se reirá poco, se reirán bastante, y terminará abandonando la práctica activa del deporte de modo definitivo.

La poca seriedad de estos campeonatos queda reflejada cuando se echa un vistazo al calendario de partidos:

Sex Guarriors	Nobleza Baturra
Puerto Hurraco	Penetrators
Drink Team	Revientabullas
Erecciones Generales	Demencia Senil
Los Birreros	Resto del Mundo

Aunque tradicionalmente han sido *los* y no *las* estudiantes los más deportistas, se observa una creciente afluencia de la mujer al hasta hace poco restringido mundo de la cultura física. Sin embargo, ellas se vuelcan más hacia actividades organizadas del tipo *gym-jazz* (siempre me he preguntado en qué consiste realmente esa extravagancia), musculación, o mantenimiento físico. Su afición es escasa a los deportes de equipo, excepto el voleibol, en el que compiten dentro de equipos mixtos, para los que suponen en ocasiones un lastre.

Lo que hace tan atractivo pasar unas horas en el polideportivo no es tanto la práctica del deporte en sí como el tercer tiempo, el comentario del partido, los insultos proferidos contra el equipo contrario y la crítica al árbitro de la contienda. Todo ello, por supuesto, disfrutando de unas refrescantes cervezas o coca-colas. Es el único momento en el que las novias de algunos de los jugadores, que se han tragado el partido entero, no se aburren como una ostra.

Por otra parte, si donde se ha estado es en el gimnasio, el tiempo de descanso servirá para comentar el impresionante físico de alguna hembra a la que se ha sometido a disimulada observación y concienzudo escrutinio. Los sufridos aspirantes a Schwarzenegger expresan su punto de vista acerca de sus esfuerzos con frases de la profundidad de: «Una sesión de pesas es buena cuando a los cinco minutos quieres dejarlo y cuando al acabar dices que es el último día.» Bueno, quizás sea cierto que fibra roja y materia gris son incompatibles.

Es el tiempo de reposo después de la actividad deportiva el que hace que aquellas dos horas se conviertan en la pérdida completa de todas las clases del día. La verdad es que a nadie parece importarle mucho. Es más: el casi nulo cargo de conciencia por hacer *pellas* es menor aún si se ha estado practicando algún noble deporte. ¿Por qué se les aplicará este adjetivo cuando no hay más que marrullerías, insultos, trampas, zancadillas y sólo se trata de ver quién es el más macarra? La verdad es que el lema del deporte, por mucho que digan lo contrario, es:

LO IMPORTANTE NO ES
GANAR: ES LO UNICO

EXAMENES O TOSTONES EN EL SALON DE ACTOS

Así llamado por su expresa utilización para todo tipo de actos (¿sexuales también?, ¿quién sabe?), especialmente exámenes y conferencias, pero también para clases que sobrepasan los límites de lo razonable (más de trescientos alumnos), así como coloquios sobre el futuro. Estos salones son bastante amplios y, dependiendo de la facultad, más o menos cómodos.

A pesar de su amplitud, cuando se realiza algún examen los profesores ponen tanto empeño en alejar a cada estudiante de sus vecinos que la mayoría de las veces hay que recurrir a otro salón adicional. Se pretende evitar así los divertidos y tradicionales *soplos* y copias de examen, algo tan viejo como la propia universidad. De todas maneras, a pesar de esta separación siempre hay algún intrépido aventurero, algún valeroso y atrevido actor (por su gran interpretación del estudiante pensativo), que consigue salvar la distancia y atraer hacia sí el examen del compañero. Menor problema es el que se plantea a la hora de sacar las no menos tradicionales *chuletas*. Aunque se encuentre al descubierto y más o menos desamparado, un estudiante, o mejor dicho, un poco estudiante hábil, de ágiles manos (que los hay a puñados), puede eludir las miradas de los dos o tres vigilantes sin mayor complicación. Claro que también se da el caso del torpe copión nervioso, que mira a las cuatro esquinas y al que sólo se le ocurre hacerse la chuleta en el papel más ruidoso de que dispone, lo que suele atraer las miradas de muchos y, por último, la retirada inmediata del examen.

Las mayores facilidades para la copia de exámenes se producen normalmente cuando son tres los cuidadores, los «vigilantes de la ley»: uno, el profesor titular de la asignatura, que se sentará en la mesa principal de cara a sus alumnos y que rara vez levantará la vista del periódico; los otros dos, por lo general un chico y una chica, serán subordinados del departamento, recién licenciados, y pasarán las horas del examen dialogando acerca de todo, con lo que aportarán su granito de arena para ocultar los susurros propios de todo soplo. De vez en cuando, para devolver al examen un cierto aire de seriedad, estos dos subordinados dejarán de dialogar y darán una vuelta por la sala con mirada inquisidora. El profesor, por su parte, abandonará momentáneamente los problemas del mundo para, a los cinco minutos, volver a la situación inicial, mil veces preferida por todos. Al final los tres examinadores terminaran en un distendido coloquio para satisfacción general de los examinados. Todos contentos al fin y al cabo.

Aparte de esta función de centro examinador, el salón de actos sirve para mucho más. Por ejemplo, como recinto para interesantísimas conferencias del tipo:

- La realidad social de los pueblos indígenas de Ecuador
- El papel de la mujer en el Africa subsahariana
- El sexo antes del matrimonio
- Veinticinco años de la Primavera de Praga

En estos casos el número de conferenciantes se acerca y hasta sobrepasa al de oyentes. Otras conferencias atraen más público, sobre todo cuando tratan temas como el aborto, el racismo, el medio ambiente o, sencillamente, cuando algún profesor ha hecho la recomendación (léase imposición) de asistir a tal o cual acto. En ambos casos el número de asistentes suele rondar la cincuentena y, si bien la educación les impide abandonar la sala pese al sopor que les invade, no pueden reprimir algún que otro bostezo e incluso alguna cabezadita.

Por último, se celebra otro tipo de charlas en las

que el «parlanchín» es alguien famoso, tremendamente popular. Es una persona que consigue que la pasión se desborde, que aparezcan periodistas y el salón se haga pequeño para todos los que pretenden acceder al mismo. Son las grandes y gloriosas intervenciones de políticos y figuras del mundo del espectáculo y la farándula (a veces de ambas cosas, como Ruiz-Mateos). El tema es lo de menos. Lo que importa es el personaje. Hay gente que acude por curiosidad o simplemente por decir: «Yo estuve ahí.» Cuando se trata de un político, se entremezclan los aplausos y los insultos de unos pocos con las ovaciones y las recriminaciones de otros tantos ante las sonrisas y el estupor generalizado de la mayoría. Una vez pasados los quince minutos iniciales se advierten las primeras cabezadas, que se ven alteradas sólo por la interrupción de algún desaprensivo soltando su barata reivindicación. Al final, el turno de preguntas posibilitará a muchos dar rienda suelta a sus más íntimos pensamientos, y la contestación, ya antes de oírla, les dejará insatisfechos. Estas conferencias suelen acabar como comenzaron, con más silbidos que aplausos, y sin que nadie absolutamente cambie un ápice su opinión acerca del personaje.

LOS ACTORES

EL GRUPO DE AMIGOS

Suele constar de ocho a diez elementos y es la gente con la que uno se sienta en clase, con la que más se trata, se hacen las pellas, se toman unos cafés y, de vez en cuando, se sale los fines de semana. Son grupos bien definidos dentro de una clase, aunque en absoluto cerrados. Además cambian ligeramente su composición cada curso en función de los acontecimientos sucedidos (movidas varias, discusiones, parejas que lo dejan, incompatibilidad de caracteres, cambios de clase...), o de las notas, que van retrasando a alguno de sus componentes. El último año de carrera el grupo definitivo suele recordar al tipo de gente con que se mezclaba al principio mediante frases de este estilo:

—¿Qué habrá sido de Macías? Sí, hombre, sí que te acuerdas. Macías Pajas, joder, el «Comemocos».

—¿Te acuerdas de Luisa? ¿Luisa Lidorra? ¿Seguirá con su novio borde de toda la vida?

—La semana pasada me crucé con Mar. Te acuerdas, ¿no? Mar Tirio. Me hice el despistado porque seguro que sigue igual de pesada.

—Pues yo el otro día me encontré a Pedro Gadicto. Estaba como siempre, con esa pinta de ir *fumao* y no enterarse de nada.

Los lazos de amistad tras pasar por la universidad unen con mayor fuerza que los del colegio, pues suponen cinco o más años aguantando los mismos conceptos abstractos, compartiendo horas y horas de absentismo académico, sufriendo los absurdos y las aberraciones de determinados departamentos, etc. También porque une a los licenciados ante un incierto futuro común. Los elementos que componen este grupo son muy distintos entre sí, lo que no impide que las relaciones sean bastante buenas a pesar de mezclarse gente de muy diversos gustos y procedencias. Veamos una serie de modelos estándar.

El cómico: partirse el culo

Es el alma de la pandilla, siempre dispuesto al chiste de más o a la broma en el peor momento de una clase. Resulta imposible mantener una conversación seria con él, pero, conociéndole, ¿quién desea mantenerla? Tiene su propio lenguaje, sus propios temas recurrentes, sus propias expresiones y una imaginación desbordante. Sus comparaciones se han hecho famosas por lo gráficas y patéticas que resultan:

- Asustas menos que los anónimos de Snoopy.
- Eres más infantil que el contrabando de gusanitos.
- Estoy más perdido que un hijoputa el día del padre.

- Me das más asco que David el gnomo.
- Vacilas menos que Tarzán en un geranio.
- Me das más pena que los payasos de Micolor.
- Es más hijoputa que Piolín.

Basa su comicidad en el mundo de la televisión, tanto en los dibujos animados como en la publicidad o en esos programas detestables que tanto abundan. Disfruta con la crítica (destructiva) y goza realizando su particular versión de aquello que detesta. Por ejemplo, imitando a alguno de esos videntes de pacotilla, de estrafalario aspecto, que tanto abundan en la radio:

—A ver, cariño, corazón, dime un número pensando en ti y otro en tu puta madre. Huy, en el amor fatal, tu marido ya no te aguanta, te va a poner los cuernos con todas las que se le crucen y te va a dejar por un mandril. Y tu familia... ¡Huy lo que veo con tu familia! Tu hijo se vuelve homosexual y tu hija se va de casa para vivir con un octogenario de buen ver. Vamos, cariño, que mi consejo es que te suicides.

O su versión del anuncio de Ferrero-Rocher:

—Ambrosio, me apetece algo especial.

—Entiendo, señora. Pensando en ello he traído su lencería de cuero negro y sus látigos último modelo.

—No, Ambrosio, es más bien el deseo de algo exquisito.

—Sé a qué se refiere, señora, me he permitido pensar en ello.

—¡Oh, Ambrosio! ¡Eres único!

Es el mejor compañero posible para disfrutar de una clase amena, dados sus continuos y agudos comentarios, pero también el peor si lo que se pretende es tomar unos buenos apuntes. Se encarga de poner motes a todo el mundo y lo hace de tal modo que cuando llama a alguien o habla de otro no menciona nunca el nombre sino el apodo. Además no emplea el artículo con lo que el mote se convierte en el verdadero nombre. Tal vez su misterioso cerebro no es capaz de identificar los rostros con sus nombres auténticos, por lo que hasta en la conversación más seria recurrirá a los motes. Suelen ser apelativos graciosos, poco molestos para la mayoría de la gente, pero pueden resultar tremendamente hirientes cuando alguien no le cae bien.

Tiene el don de hacer reír con facilidad, de provocar frecuentemente la hilaridad de sus compañeros (especialmente en clase, donde las risas se contagian a una velocidad de vértigo), y posee la rara habilidad de lograr carcajadas con su versión personal de un chiste pésimo que en boca de otro hubiera supuesto un abucheo. Sus frases características y personales pueden provocar confusión al principio, pero con el tiempo se podrá entender lo que quiere decir. Por ejemplo, para decir «Me voy al baño»:

- Voy a empolvarme la nariz.
- Voy a dar rienda suelta a mi vejiga.
- Me voy a ir de uréteres.

En otras situaciones empleará:

- Movamos nuestros sucios culos hacia... significa «Vamos a...»
- Practiquemos el noble deporte del balompié. (Está bien claro.)

Por lo demás, «Mi diligencia» será su coche; la «madriguera», su casa; el «rancho», la comida; el «portalienzos», su carpeta; y el «mastín», el novio de alguna.

Siameses unidos por la mano: la pareja

Suelen ser dos, chico y chica para más señas. Los tríos y las parejas homosexuales no están muy extendidos en la universidad. Se sientan siempre juntos, uno al lado del otro, excepto un día cada mes en que se sientan separados y con cara de ajo. Se pasan las clases hablando en voz muy bajita y sonriendo, menos el día mencionado, que no abren la boca y parecen tener ganas de partirle la cara a alguien. Van juntos a todas partes: a la cafetería, al césped, o a hacer tantas fotocopias como muestras de afecto se profesan. Bromean continuamente en clase, lo que queda de manifiesto si se observan los apuntes que han tomado. Si se los pides a ella podrás leer frases cariñosas y dibujos diversos carentes de significado para alguien ajeno a su particular lenguaje, pero plenos de sentido para ellos. Si se los pides al chico verás amplios recuadros tachados y emborronados. Esta censura fue realizada sin duda cinco minutos antes de entregártelos.

Suelen tener un confidente dentro del grupo para casos de «crisis matrimonial». Ella siempre acudirá a su amiga más cercana y él a su amigo, lo que dará lugar a un doble frente de miradas entrecruzadas. Estas personas darán su apoyo moral, a veces su opinión e intentarán animar a su compañero con las típicas frases socorridas para estas ocasiones: «Todos los tíos son iguales» o «Ya sabes que excepto las madres y las hermanas...»

Los confidentes también tienen la misión de tranquilizar a sus confiados amigos afirmando que a los dos días ya se habrá pasado todo (lo que suele suceder), y que del tema nunca más se sabrá.

La pareja siempre es una buena compañía para los fines de semana, puesto que da pie a más de un irónico comentario y porque de vez en cuando ventilan sus trapos sucios en público para regocijo general y desmentido particular, pero siempre entre sonrisas y litros de alcohol. Además, en ocasiones, se da un reparto de funciones propio de todo matrimonio bien avenido, pero a nivel universitario: ella se encarga de conseguir los apuntes y él de fotocopiarlos; ella va a clase y él a jugar al fútbol; ella pide una Coca-Cola y él la paga...

EL ROSTRO IMPENETRABLE DE «DON TRANQUILO»

Este individuo se ha ganado a pulso su apelativo por su absoluta impasibilidad, su calma ante cualquier situación, su gesto inalterable, la quietud que respira, en definitiva, por parecer que nada va con él. Duerme unas diez horas diarias, estudia poco, aprueba gracias a su inteligencia y jamás ha perdido una hora de sueño por causa de los estudios. Si te lo encuentras después de ver las notas, a primera vista (y a segunda, y a tercera) no sabrás si ha sacado un uno o un nueve, si ha suspendido de modo inesperado o ha aprobado por sorpresa. Tal es la inexpresividad de su rostro y la tranquilidad de su espíritu. Dicen que la cara es el espejo del alma, pero con «Don Tranquilo» esto no parece cumplirse.

Siempre está de buen humor, y si no lo está, lo aparenta. Cae bien a todos, gasta bromas, sigue al cómico en sus chistes y es muy celoso de su intimidad. Sólo una vez su rostro tiene una expresión distinta y es cuando ha dormido siete horas o menos. Empiezan a apreciársele ojeras, sus ojos se quedan entreabiertos (o entrecerrados) y la boca semicaída, con lo que da la penosa impresión de poder caer en brazos de Morfeo en cualquier momento.

Hace gala de su carácter en cualquier actividad que desarrolle:

- El trabajo en equipo: con dos días basta.
- El deporte: a cámara lenta y sin esfuerzo.
- Su novia: desde el principio de los tiempos y de carácter similar.
- La comida: abundante, buena y en más de una hora.
- Las copas: con moderación.
- Los estudios: es el último de la clase en ponerse a estudiar un examen y el primero en descansar del mismo.

«Doña Agobios»: Mujer al borde de un ataque de nervios

Habiendo quien hace gala de su relajación, no podía faltar el caso contrario, una persona continuamente presa de la histeria, de las prisas, de los agobios al presentir que no le va a dar tiempo a hacer algo. Suele ser chica y se encarga de conseguir los apuntes al día siguiente de haber faltado. Es la primera en clavar los codos ante un examen próximo y, ¡noticia!, la única del grupo en realizar los trabajos con un mes de antelación.

Sufre y resuelve los trámites burocráticos el primer día del plazo. Es capaz de levantarse a las seis de la mañana cuando necesita algo y pierde horas y horas por los estudios. No se limita a los apuntes y libros del profesor de turno, sino que busca en bibliotecas, pregunta a gente de otros años y se hace con un material tres veces superior al del resto. Nunca sale los fines de semana previos a un examen. También es la única persona capaz de ponerse a estudiar el mismo día que se ha hecho un examen, con vistas al próximo. Llega completamente estresada a ellos, y cada vez que acaba uno y escucha los comentarios de la gente, se tira de los pelos, dice que lo ha hecho fatal y se va a casa enfadada y lamentándose. A pesar de sus histerismos suele aprobar, aunque en más de una ocasión los nervios le juegan una mala pasada.

El salido: la guinda picante

Se encarga de poner el contrapunto erótico a toda frase, el comentario salvaje a toda observación. Busca y encuentra los dobles sentidos sexuales a toda afirmación. En suma: se trata de un verdadero *obsexo*. Reúne las siguientes características:

- Busca el número sesenta y nueve a todas horas, ya sea en páginas de libros, artículos, cifras en la pizarra, etc...
- Demuestra conocer un vocabulario rico y variado: glande, escroto, himen, esfínter, prepucio, verga, clítoris...
- Tiene una asombrosa facilidad para las rimas con Torrelodones: felaciones, depravaciones, aberraciones, eyaculaciones, erecciones, prostituciones, violaciones, masturbaciones, cojones, penetraciones, ingestiones (mejor no decir de qué)...

Sus expresiones se han hecho famosas en el grupo:

- «Tendrá la compresa del revés.» (Cuando una tía tiene mala leche.)
- «Tiene el chichi húmedo.» (Cuando hay ganas de...)
- «Tiene el esfínter dilatado.» (Para aludir a los gustos sexuales de más de uno.)

También son célebres sus gritos desde el coche al paso de alguna «res» de calidad:

- «¡Eh, "chusky"! ¡Te voy a rebañar toda la grieta!»
- «¡Esa cacha es *pá* mi hacha!»
- «¡Hey, guarrindonga! ¡Si te pillo, te despedazo!»

A su pasión por las mujeres añade cierta afición a la bebida, lo que se advierte bien a las claras en su declaración de principios: «No hay chica fea: sólo falta de alcohol.»

Se reúne con los *fichantes* de la cafetería para opinar sobre el género. Se pone «burro» con las minifaldas tipo «cinturón ancho» y, a la llegada del verano, con las camisetas ceñidas «marcacurvas». Siempre tiene a punto el chiste más cerdo y más desagradable, el inductor de vómitos, pero también el más recordado y escuchado (y luego contado). Entre sus habilidades se encuentra la aerofagia a ciento veinte decibelios, habilidad en la que compite con el cómico. También es un experto en la expulsión de gases procedentes de la cavidad bucofaríngea a potencia descomunal. Un cerdo, en suma.

Tiene siempre el dedo en el gatillo:

- Si alguien dice «cinco», replicará «por el culo te la hinco».
- Si se pronuncia «relación», añadirá «sexual incompleta».
- Si se menciona «labios», pedirá especificaciones: «¿Horizontales?»
- Al «examen oral» añadirá «genital».
- Si alguien le da la mano, se quedará después moviéndola de arriba abajo, cerrándola un poco, y dirá que es un tic adquirido tras agotadoras sesiones en el cuarto de baño.
- Si le dices que tiene un pelo en el jersey, dirá: «¿Vello púbico?»
- Si alguna chica se agacha a recoger algo, exclamará «Mmmhhh...»
- En su carnet de identidad, donde dice «V» debería poner «considerable» o «a todas horas».
- Afirmará tener el miembro «como el cuello de un *cantaor*: gordo y lleno de venas».

«MIS-S APUNTES» (PERO TAMBIÉN LOS DEL CÓMICO, EL SALIDO...)

Suele ser chica, tiene una letra perfecta y no falta nunca a clase, excepto por prescripción facultativa. No se le recuerdan pellas ni retrasos y sus ausencias son la noticia triste del mes, pues afectan a buena parte de sus compañeros. Lo toma TODO, ordenado y claro, y prefiere que le cuenten los chistes al acabar la clase, no vaya a perder una frase. Sus apuntes son el objeto más codiciado por muchos estudiantes, si no tenemos en cuenta algún libro difícil de conseguir o la cabeza en bandeja de plata de algún profesor.

Se da el caso de exámenes a los que concurren más de diez alumnos con los apuntes de dicha señorita, ¡ay de todos si algún día anotó algo de modo equivocado! El fallo será general y el profesor de marras dirá tras la corrección que no se debió de explicar muy bien aquel día, pues todos han caído en lo mismo. Sorprende la capacidad de esta chica para recoger lo importante, pero más aún asombran su reticencia y sus negativas a marcarse unas pellas con el resto. No hay modo de convencerla y, más aún: en los cambios de clase, cuando se encuentra el grupo reunido en la cafetería, es la primera en recordar y advertir que la clase va a empezar y, ante la pasividad general, acude aunque sea en solitario a cumplir religiosamente con sus deberes.

«Malasuerte»: nací estrellado

Puede ser indistintamente chico o chica, y su rasgo más característico, como su propio nombre indica, es estar gafado hasta límites insospechables. En ocasiones, a la mala suerte natural que le acompaña se unen sus habituales despistes, con lo que nos encontramos que sus calificaciones suelen estar muy por debajo de lo que ha estudiado.

Representa la Ley de Murphy al cuadrado. Son tantas y tantas las posibilidades de equivocarse que suele hacerlo en todas:

- Es el único, o la única, capaz de estudiarse todo menos dos preguntas y conseguir que caigan esas dos.

- Es capaz de volverse a casa con la hoja en limpio del examen y entregar una en sucio.
- Copia una sola vez en su vida y le pillan.
- Se estudia unos temas que no entraban en el examen.
- Contesta según unos apuntes erróneos conseguidos de un tío del año pasado o de un *pavo* que estaba de *coña* el día que los tomó.
- Para colmo, es de los pocos en suspender con una nota de cuatro con nueve, o con más de un cinco entre dos parciales que, ¡mala suerte! no compensan.

Las consecuencias de la mala estrella que le acompaña se dejan ver en que arrastra más asignaturas que la mayoría, se presenta a todos los finales y es un cliente fijo en septiembre. Tiene andares despistados, mirada ida y un ángel de la guarda un poco perro.

¡GUARDIA ALTA ANTE LA «BOXEADORA»!

CHISTOSO: —¿Te sabes el chiste de la puta y el sordo?

«BOXEADORA»: —No.

Ch: —¿Qué?

B: —¡Que no!

Ch: —¿Qué?

B: —Que... ¡Oh!

¡¡¡¡¡PLAAAAAFFF!!!!!

SUICIDA: —¿Sabes cómo dejar a una puta intrigada?

«BOXEADORA»: —¿Cómo?

S: —Mañana te lo cuento.

¡¡¡¡¡PLAAAAAFFF!!!!!

La «boxeadora» es la compañera más graciosa del grupo, la más alegre y jovial. Sin embargo, tiene un pequeño problema psicomotor: su extraña manía de emular a Mike Tyson cuando le gastas una broma. Tu cara será golpeada con rabia, y no con mala intención, sino con una sonrisa, pues esta muchacha no adquiere conciencia de su acción hasta cinco segundos después de escuchar la sonora bofetada.

Esta reencarnación de Rocky Marciano tiene una velocidad de reacción y de movimientos asombrosa, y quien la conoce sabe que tendrá que levantar la guardia antes de gastarle una broma. Es poseedora de una sonrisa contagiosa, siempre está de buen humor y después de cada directo al mentón suele pedir disculpas y jurar que no se repetirá. Sin embargo, no lo puede evitar, es su naturaleza, y a los cinco minutos estará preparada de nuevo para responder de un modo violento a otra agresión verbal.

Sus compañeros de clase suelen rezar por las noches para que no lleve a la práctica sus intenciones de apuntarse al gimnasio. ¡Lo que le faltaba! Si ya consigue marcar los cinco dedos en el rostro a pesar de sus delicados brazos, de adquirir un poco de fuerza habría más de un K.O. en el primer asalto.

«Revista del corazón»

Así llamada gracias a su pasión por chismorrear, su continua búsqueda de cotilleos y su enorme deleite al escuchar y contar la vida y milagros de la gente de la clase. Es la auténtica revista del corazón universitaria, puesto que comienza con un «¡hola!», suelta el chisme durante «diez minutos», hace sus propias «lecturas», tiene una historia nueva cada «semana» y la cuenta tan «pronto» como se ha enterado de la misma. Su superficialidad hace que no suela durar en el grupo más de un año, porque cansa hasta a su mejor amiga y al curso siguiente tendrá una nueva pandilla a la que atormentar con sus temidos «¿Sabéis que...?» o «Me he enterado de que...».

Conoce a todo el mundo de vista, oídas, conversación y hasta tacto: ésa es su obligación y su función dentro del grupo. Exagera, cuenta medias verdades y critica. Su campo de acción se extiende a otras clases y al profesorado, y puede tener gracia al principio, pero después de algunos meses lo normal es desconectar de ella cuando abre el pico.

Tiene una «historia» de esas que tanto le gusta contar con alguno de la clase, pero nunca pasa del mes, tras el cual todo son descalificaciones para el pobre chico que cayó en sus garras. Su futuro parece lejos de la carrera que estudia. Más bien está destinada a alguna publicación de la prensa rosa. Es lo que le va, y de tener que dedicarse a otra cosa, desempeñará el mismo papel en la oficina o en el vecindario y no se advertirá indicio alguno de cambio en su personalidad.

EL RESTO DE LA CLASE

Nada más lejos de mis intenciones que incurrir en el error de generalizar. Sin embargo, no puedo olvidar las tradicionales clasificaciones o encasillamientos que se hacen de los estudiantes según la carrera que estén cursando:

- Las tres «pes» de Derecho: todos son pijos, pasotas o pobres.

- Las tres «emes» de Farmacia: mujeres, maricas y minusválidos.
- Las tres «des» de Filosofía: desanimados, depravados y drogadictos.
- Las tres «ces» de Empresas: contables caraduras cabrones, todo a la vez.
- Las tres «haches» de Letras: hombres, *hippies* y heroinómanos, muchas veces todo en la misma persona.
- Las cuatro «aes» de las Ingenierías: ancianos asqueados ansiosos por acabar.

Aunque en un aula puede haber de todo, me voy a referir en este apartado a esos prototipos de estudiante que aparecen en toda clase que se precie. Sólo por el aspecto físico de las personas ya podría enumerarse un buen número de personajes propios de todas las carreras en todas las facultades. ¿Quién no ha tenido en su clase a alguien apodado El Negro? ¿O a otro con figura de watusi o de cuadro de El Greco al que llaman Fido-Dido? Seguramente todo el mundo ha conocido a alguien clavado a algún cantante de *rock*, ya sea Bon Jovi, Loquillo o la solista de Roxette. No obstante, voy a centrarme sobre todo en la personalidad y no en la apariencia de los sujetos descritos, estereotipos que existen y sobreviven casi por real decreto.

¡CÁLLATE YA, *JAPUTA*!

Apócope del tan utilizado insulto consistente en unir las raíces maternas con la profesión más antigua del mundo. La «japuta» es siempre chica y el mote le viene de la aversión que logra crear hacia su persona. Siempre se sienta una o dos filas detrás de ti, te pongas donde te pongas, y con su estridente voz y su léxico no precisamente episcopal («¡Joder! ¡Coño! ¡Gilipollas! ¡Cojones!») consigue elevar la tensión de los estudiantes más cercanos.

Viste caro y hortera, es hija única y hablando es más basta que Poli Díaz. Tiene una amiga inseparable que debe de ser veterana de Vietnam porque si no, no tiene explicación que soporte tamaña tortura. La cualidad principal de la «japuta» consiste en su capacidad para hacer reproches, insultar, ordenar, exigir, criticar, vociferar, patalear y protestar contra todo y contra todos por este orden:

- El profesor: «¿De qué va este gilipollas?»
- Los de la fila de delante de ella: «¡Callaos, *cagüenla...*!»
- El resto de la clase: «¡Qué coñazo de gente!»
- Su amiga del alma: «¡Joder, que no me hables!»
- La pluma: «¡Puta mieeeerda! ¡Se tiene que acabar ahora!»
- Si se le acaban los folios: «¡Manda cojones!»
- El clavo un poco salido de la silla: «¡¡¿Será hijo de puta?!!»

Es la peor persona posible, la menos razonable y la más agresiva cuando se trata de discutir algún asunto en público, ya sea la elección de las fechas de examen o el destino de un viaje de paso del Ecuador. Intentará imponer su opinión a toda costa, pasará por encima de quien ose pronunciarse en su contra y, si finalmente su moción no prospera, jurará en hebreo y declarará la guerra a la oposición. Lo verdaderamente insoportable es que su chirriante voz, su «pico de oro», es cinco mil decibelios más potente que las del resto de la clase al unísono, lo que obliga a tener que escucharla aun en contra de los consejos médicos. Cuesta entender cómo ha sobrevivido tantos años sin que le hayan desfigurado su requetepintada cara. Uno se pregunta cuántas patadas en el estómago habrá recibido ya y cuántos estranguladores se han arrepentido en el último momento cuando intentaban acabar con ella.

TRAVELO: ¡TODA UN TÍO!

Es uno de los motes más crueles que puede haber en la clase, pero también uno de los más atinados y certeros. Cualquiera que lo oiga por primera vez sabrá con seguridad a quién va dirigido. La chica a quien hace referencia este apodo es un antídoto contra la lujuria. Los inútiles intentos de feminizar su figura la asemejan a los «profesionales» de la Castellana a las cinco de la madrugada.

Tiene el pelo de un color incierto, a franjas rubio oxigenado, castaño y moreno con toques de quemado. Todo ello entremezclado y alborotado, lo que da una impresión penosa visto desde atrás. Su cara es un misterio. Por un lado, la maraña de pelos la oculta de la luz del sol y, por otro, la máscara de varios centímetros de espesor de potingues y cremas hace que la parte visible esté lejos de ser fiel a la realidad. Eso sí, una parte de su faz permanece bien visible desde varias leguas de distancia: sus labios, color «rojo pasión ardiente» y de un grosor tal que destacarían incluso en la cara de Celia Cruz.

Su cuerpo está bien entradito en carnes, lo cual no parece cohibirla a la hora de ponerse sus modelos, ajustados, prietos y lo más ceñidos posible para destacar sus descomunales protuberancias mamarias. Jamás llevará un jersey holgado o una blusa amplia. Puede variar el color de la ropa, pero nunca el tipo de camiseta, siempre pegada como una segunda piel. Parece que su poco estilizada silueta se estrecha algo en la cintura, mas no ocurre tal cosa, sino que en ese lugar comienza un pandero que llenaría los calzones del mismísimo Charles Barkley y que, al igual que la parte superior de su tronco, no ha intentado disimular sino, todo lo contrario, resaltar. Sus vaqueros talla 48 extra-plus parecen a punto de reventar. Esta muchacha encuentra serias dificultades para acomodar sus nalgas en las estrechas sillas universitarias. Y no digamos para levantarse.

Cubre la retaguardia, amanerado anda cerca

Podría parecer con la lectura de este libro que la universidad contiene una notable variedad de desviaciones sexuales. Sin embargo, no es así, a pesar de que si nos atenemos a las estadísticas uno de cada veinte varones es homosexual. Esto significa que tocamos a cuatro o cinco por clase.

El estudiante «amanerado» es simplemente el antiparadigma de la masculinidad («más-culo-nidad»). Tampoco es que pertenezca a la otra acera: sencillamente es amanerado. Pronuncia las eses con *essspecial énfasssisss, sssusssurrándolasss, alargándolasss*. Acompaña sus frases con peculiares movimientos de cabeza mientras baja la barbilla hacia los hombros. Destaca su habilidad para mover las manos con inusual rapidez y tiene la manía de cogerte del brazo si hablas con él. Es simpático, amable, abierto, ¡pero quítame el brazo de encima, chaval!

Le gusta intervenir en clase, preguntar continuamente con su estilo personal, lo que provoca sonrisas de los «chicos duros» y arqueamientos de cejas en el resto, sorprendidos y asombrados de la ambigüedad gestual del tipo.

El «amanerado» es nervioso por naturaleza. Al acabar las clases sale corriendo al baño (para los malpensados, advierto que va al de la «C») y vuelve al cabo de un momento con mejor cara, moviendo los brazos a media altura y contoneando las caderas.

Suele estar acompañado sobre todo por chicas, con lo cual todos se quedan contentos: él, porque se siente más en su salsa; ellas, porque no tienen nada que temer; y los demás, porque creen que los grupos de amigos deben hacerse con gente de similares inclinaciones.

Tipazo: recogida de babas

Después de dar buena cuenta de engendros como la «japuta» o el «travelo», ya es hora de devolver al género femenino su condición natural de mero objeto de deseo. «Tipazo» es un regalo para la vista, sobre todo cuando se acerca el verano y comienza a lucir sus modelitos de temporada. Es muy guapa de cara, pero destaca principalmente por su cuerpo, en el que se fijan diariamente centenares de miradas. Provoca sueños eróticos y seguramente está registrado en todo «fichero» acreditado.

Es inaccesible, acude poco a clase y cuando lo hace no se separa de su amiga. A la salida le espera siempre un *maromo* de cerca de dos metros de altura y espaldas de jugador de rugby. Pocos son los que han llegado a conocerla. Hay quien dice (frustración) que «es una tonta y una creída». Otros contestan que eso no les importa, que no es su personalidad lo que les atrae precisamente.

Hacia ella se dirigen todo tipo de miradas y sentimientos: deseo en ellos; envidias y celos en ellas; y ganas de suspenderla en los profesores, por aquello de las visitas mendicantes a los despachos.

Con los años se va quedando atrás (¡lástima!) y va perdiendo cursos, quizá por su casi nula asistencia a clase (no parece razón suficiente, todo el mundo lo hace). Tal vez se deba a que, efectivamente, es la típica muchacha agraciada físicamente pero que no tiene nada en la sesera. O quizá sea por el «trabajo» que le da el jugador de rugby, o por esa manía del profesorado de obligarla a visitar sus despachos (hay que ver lo amables que pueden llegar a ser algunos).

Listillos: el servicio de espionaje

Siempre se trata de dos amigos inseparables, eternamente juntos, casi siameses, y su principal cualidad reside en que están enterados de todo lo necesario para llevar adelante una carrera fácil y sin muchos agobios.

- Saben qué profesores son, dentro de la perrería habitual, los más perros y conviene evitar.
- Conocen cuándo hay que cambiar de grupo porque tal profesor aprueba a toda la «banda» (sueño utópico estudiantil).
- Consiguen los exámenes del año anterior y aprenden sus trucos.
- Realizan la pregunta atinada en el momento oportuno.

- Obtienen los mejores apuntes de la gente de otros años, el libro que emplea cada profesor y que nadie tiene, etc.
- Saben con qué profesor conviene realizar trabajos voluntarios...

Son como la CIA o el KGB: disponen de toda la información secreta obtenida quién sabe por qué métodos y sólo la descubren a los demás cuando el examen ya ha pasado y se conocen las notas. Sus calificaciones suelen resultar más acordes con su concienzudo trabajo de investigación que con su capacidad de estudio. Su objetivo no es tanto obtener un buen currículum como disfrutar de una carrera lo más placentera posible, dedicada al mundillo de las relaciones públicas y la charla informal.

Son vividores y como tales no permitirán que los estudios les fastidien la juventud. Son asiduos de la cafetería y el polideportivo, así como juerguistas indomables durante el fin de semana. El trabajo sucio obtendrá su recompensa. ¿Para qué agobiarse y encerrarse en casa a torturar el cerebro pasando horas delante del mismo folio?

¡Vaya cotorras!

Suelen ser dos, aunque a veces se incorpora una tercera. Son amigas con reconocida vocación de porteras, una fama de cotillas ganada a pulso y dotadas de gran facilidad para el chismorreo. Se sientan en algún lugar estratégico de la clase desde el que puedan divisar con sus penetrantes ojos al resto de estudiantes. Resulta difícil soportarlas debido a sus escrutadoras miradas, sus murmullos y susurros al oído («secretitos de vieja», que decíamos en el colegio), y sus sonrisitas mal contenidas.

No poseen, desgraciadamente, el don de caer bien

a la gente, pero a fe que se lo merecen. No es que molesten sus comentarios (nadie se ha ofendido jamás por ellos), sino que son sus caras de arpía, su carácter inmaduro e infantil, su actitud totalmente reprochable y esa indescriptible facilidad para provocar odio hacia su persona la que las hace insufribles. Para rematar la faena son impertinentes, contestatarias, inconformistas con todo y con todos. En fin, que si no fuera porque no se les presta mucha atención las palizas que recibirían serían continuas.

«Niñas Pera», «Guarras» e «Impertinentes» suelen ser sus principales apelativos. Sin embargo, esta forma de denominarlas a menudo no consigue calar en ellas por su delicadeza y su escasa agresividad, por su carácter casi cariñoso.

«¡*Ejque* yo *shoy* así!» El *heavy*

La universidad, como aglutinadora de personalidades, caracteres, culturas y sectores de la población, también posee elementos pertenecientes a grupos radicales y extremos, a sujetos enrolados en las llamadas tribus urbanas. Son muchas las clases que presentan un *mod*, un *rocker* o incluso un *skinhead* en sus filas, pero quien no falta en ninguna es el entrañable *heavy*. Pelo largo, pantalones ajustados, zapatillas de baloncesto, camiseta negra y cazadora claveteada son sus señas de identidad.

El *heavy* es un tipo inteligente y trabajador como pocos, poseedor de uno de los mejores expedientes y estudioso como ninguno. Hay quien afirma que no lo parece dada su pinta, pero yo todavía no encuentro la relación. Es de los que más preguntan en clase y sus intervenciones sorprenden no tanto por lo atinado de sus cuestiones como por el gravísimo tono de voz surgido de lo más

METAL

profundo del píloro y por su macarrónico acento: «Tengo *doh jueshtiones*: *¿Jé pasha* con *loh mínimoh juadráticosh*? ¿Y con *lah equish*?»

El *heavy* suele ser muy buena persona, un amigo sincero y un compañero divertido, ya que sus anécdotas pertenecen a otro mundo. ¿Quién si no iba a saltar desde un primer piso huyendo de la *madera*? ¿O quién si no él iba a llegar a clase con un ojo amoratado tras «currar a una panda-pijos»?

Tiene un lenguaje propio, un vocabulario personal y unas expresiones confusas al principio, pero que se van entendiendo con el tiempo:

Traducción *heavy*-castellano

¡Vá gusha!:	¡Qué hambre tengo!
¡Menudo jari!:	¡Vaya lío!
Joderse unos cacharros:	Tomarse unas copas.
Tostarse; agarrarse una tostada:	Cogerse una borrachera.
En buga a quelo:	En coche a casa.
Me jumean los caireles:	Me huelen los pies.
Jiñar:	Defecar.
Apretar los riñones:	Lo que se hace cuando *s'a pillao cacho*.
Comepollas:	Lameculos tradicional.
A cuchillo:	Entrar a saco, atacar a muerte. No respetar ni a quinceañeras ni a cuarentonas ni a novias ni a hermanas.
Reventar una cuna:	Suele decirse al día siguiente del ataque «a cuchillo», porque siempre alguien incurre en infanticidio y se lía con una niña más cercana al jardín de infancia que al COU.

Fresón:	Glande.
Chupa:	Cazadora.
Poner varitas; empalar:	Penetración anal.
Subir pieles:	Masturbarse.

Proceso del tradicional ligue

Comerle la oreja:	Tirar los tejos.
Pasarle el chicle:	Comerle los morros.
Recorrer las cumbres andinas:	Meter mano.
Calibrar el bulla:	Palpar el culo.
Empujar:	Culminar.

No es de extrañar que la Comunidad Europea se empeñe en unificar la moneda, pues sólo con este individuo se dan los *talegos*, las *libras*, las *pelas*, los *bonis*, los *napos*, los *papeles*, los *pavos*...

Cada oveja con su pareja

Dentro del ámbito universitario son muy típicas las parejas de estudiantes, las uniones hombre-mujer que van más allá de la amistad. Aparte de la ya comentada, existen otras relaciones sentimentales (como dicen las revistas del corazón, que todos criticamos, pero todos hojeamos) en casi todas las clases. He aquí algunos de los tipos más habituales:

Pareja babosa

Su orden del día viene a ser el siguiente:

- Estar en el pasillo intercambiando saliva.
- Entrar en el aula abrazados.

- Darse un *morreo* antes de empezar una clase y un *pico* al acabar la misma.
- Ir al bar a seguir *papeándose* los morros respectivos.
- Salir al césped para pasar de los inocentes besos al porno duro.
- Hacer cola para el autobús *atornillándose* los labios.
- Continuar en el asiento trasero enlazando lenguas.
- Seguir por la calle trabajando el género.

¡Qué bonito es el amor!, pero ¡qué pesados!

Pareja extravagante

Se trata de parejas extrañas por la rareza de sus componentes y las diferencias de aspecto que presentan. Otra cosa serán sus caracteres, que parecen compatibles. En la universidad tienen cabida los emparejamientos más curiosos:

- Tío tipo Roxette-tía tipo Cindy Lauper.
- Metronoventa de sesenta kilos-metrosesenta de noventa kilos.
- Bajito empollón-metroochenta vividora.
- Sindicalista descamisado-niña del barrio de Salamanca.
- *Skinhead*-provocativa.
- Milgranos-plancha en la cara.

Eternos discordantes

Esta pareja viene a ser, a nivel universitario, lo que Michael Douglas y Kathleen Turner en *La guerra de los Rose*, es decir, una indisoluble relación de amor-odio donde la discusión es rutina y la armonía novedad. Es una pareja que discute por absolutamente todo o por absolutamente nada, por inercia, por aburrimiento o por tratarse de su estado de ánimo habitual. El enfrentamiento es su estado natural. No se hablan, no se miran, se sientan en lugares lo más separados posible, se dedican a ponerse a parir mutuamente delante de sus respectivas amistades. Sin que nadie lo entienda, firman la tregua durante el fin de semana, pero el lunes ya llegan con la cara de ajo y el revólver desenfundado. Han cortado mil veces, se han reconciliado otras tantas, se han hecho todas las perrerías posibles y siguen juntos. ¿Por qué? Es ésta una cuestión tan difícil de responder como averiguar las razones del éxito de *Sensación de vivir*.

Chica-con-novio-en-otra-clase

Esta chica está más nerviosa que ninguna otra persona en el aula. Mira el reloj con una frecuencia aproximada de treinta veces por minuto. Sufre y agoniza como nadie los interminables últimos cinco minutos. Se muerde las uñas, se tira de los pelos, se repeina, se coloca bien la camisa y sale a la carrera en cuanto se abre la puerta para abrazarse a su *mastín*, que como casi siempre está esperándola. El novio la acompaña hasta la puerta de todos los exámenes, le desea suerte con un beso y la espera a la salida del mismo con una paciencia propia de un santo. «¡Lo que hay que hacer para tenerlas satisfechas!», piensa.

FORASTERO: «LA CIUDAD NO ES PARA MÍ»

Procede de una ciudad pequeña o de un pueblo en los que no puede seguir sus estudios. Sólo por esta razón viene a la gran ciudad. En algunos casos el número de matriculados en la universidad es superior al de habitantes de su lugar de origen.

No es muy alto, pero sí fornido, robusto, de manos poderosas, con la piel curtida y unas piernas de un metro de circunferencia: el típico cuerpo forjado en el campo. Juega al fútbol con una dureza inusual para los acomodados universitarios, pero no conoce otra forma. «Así se juega en el equipo de mi pueblo.» Tiene un acento regional y característico que muchos encuentran gracioso, y es poseedor de la buena voluntad que caracteriza a quienes se sienten más cercanos al prado que al asfalto.

Sin llegar a parecer Paco Martínez Soria, sí coincide con este simpático actor de inexplicable éxito y omnipresencia televisiva semanal en sentirse un poco fuera de su ambiente, como desplazado de su entorno habitual. Añora la tierra materna.

Tiene tres modos de sobrevivir en esta jungla:

- Volver cada día a su hogar, dulce hogar, al calor de la familia, siempre y cuando no se encuentre a más de hora y media en coche. El problema es que acaba con más kilómetros a sus espaldas que latigazos en la de un *masoca*.
- Poniendo el típico cartel, luego corregido por el gracioso de turno:

> Busco chicos para
> compartir apartamento.
> *Preferiblemente morenos, mulatos,*
> *atléticos, especial principiante.*

- En un colegio mayor, de cachondeo continuo, con lo que el primer año se lo pasará fenomenal y no aprobará casi nada, para centrarse un poco en los cursos siguientes.

«¡Horror! ¡Se me ha acabado la gomina!» Pijísimo

Un vistazo a su atuendo, su peinado, sus aficiones o su carpeta y sabremos qué se llevará durante los tres próximos meses. Es gente acostumbrada a servir de vehículo publicitario desde los tiempos escolares. Incluso cuando iba de uniforme, y ya es difícil, dejaba su huella de *Snoopy boy*: los pantalones grises tenían que ser Levi's 501 etiqueta de cuero; el polo blanco, Fred Perry y el jersey rojo, Lacoste.

Su manera de hablar hace dudar de si lleva una patata en la boca o si está pidiendo a gritos que le rompan los dientes. Para colmo, sus temas de conversación son tan interesantes como la potencia de su coche, la falta de nieve en la sierra o lo que le costó la cazadora.

Su obsesión por vestir a la última es enfermiza. Podría denominarse «marcamanía». Cambia de vestuario cada tres meses y sin duda desequilibra el presupuesto familiar por este lado. Revisando las etiquetas de su amplísimo vestuario encontramos la razón de la diferencia de precio entre su ropa y la nuestra. Esta variación no radica, por supuesto, en la calidad, aspecto que al «pijísimo» no le importa en absoluto, sino en el logotipo.

Sólo en personas con esta obsesión es posible ver un llavero de cinco *papeles*, unos calzoncillos de tres *bonis* o un cinturón de siete *talegos*. Esto puede parecer exagerado, pero no lo es en absoluto, tal es la frivolidad de este personaje veleta, auténtico fomentador de la industria de la confección y la zapatería.

Su carpeta recoge, no podía ser de otro modo, varias fotos del grupo musical del momento, pegatinas de la discoteca más *in* o, simplemente, anuncios de diversas marcas registradas. Sus gustos y aficiones no requieren ningún esfuerzo intelectual, sólo deben cumplir dos condiciones:

1. Ser pijos según los dictados del *Baqueira Tribune*.
2. Tienen que saberse por el resto. De nada sirve irse por ahí a *esssquiar* o a hacer *windsssurf* si luego no lo van a saber los demás.

Desde los dieciocho años está acostumbrado a tener la moto más potente, pero nunca está satisfecho de ella: se pasa el día hablando de comprarse otra. El coche viene un par de años más tarde y de un vistazo adivinamos la psicología del personaje: las pegatinas de Tarifa y Sierra Nevada coinciden con las de Benetton y Mango, tapando las de Pachá y Oh, Sierra.

«¡No sé qué ponerme!» *Snoopy girl*

Prima hermana del anterior, comparte sus gustos por la superficialidad, la tontería, el derroche y la estupidez. Viste caro y de marca, y no le importa que sus modelitos sean horribles, lo único que interesa es la firma comercial y el precio. Sólo conociendo a esta chica me explico que existan pañuelos por valor de veinte billetes verdes y que encima se vendan, lo que no me entra en la cabeza. Va a clase siempre de punta en blanco, pues hay que lucirse y hacer ostentación del material adquirido antes de que se pase de moda y vaya al fondo del baúl.

Para qué perderse en descripciones. Basta decir que es el modelo de chica *Melrose Place*, igual de *pijitonta*. Habla alto para que todo el mundo escuche lo que hizo el día anterior. Los lunes más vale venir prevenido porque no está contenta hasta que no cuenta de pe a pa su fin de semana, que ha estado «superbien» y «superdivertido».

Tiene una opinión tan cambiante como las modas e igual de firme. Se trata de una personalidad formada y madura, vamos. Los fines de semana visita sitios mortalmente aburridos, pero siempre los más caros y pijos.

En fin, el «pijísimo» y la «*Snoopy girl*» son dos niños de papá que encuentran el sentido de su vida en su vestimenta, en la imagen, en creerse por encima de los demás. Gracias a ellos subsisten las fiestas estúpidas de la discoteca de moda, tipo «fiesta del ombligo», «fiesta de las *pellas*» (se sienten malos por un día) o «fiesta pirata».

Estos «marcómanos» son los enemigos naturales del *heavy*. Aquéllos critican sus pintas, y él no soporta las modas y mucho menos a los que las siguen. Cuando una de estas modas ha consistido en chorradas y gilipolleces (no tienen otro nombre) como agujerearse los pantalones, llevar el polo del revés, o los pantalones de peto o de campana, el *heavy* se parte de risa y comenta:

—Estoy seguro de que si se pusieran de moda unas zapatillas sin suela, la gente se haría polvo los pies, pero las llevaría.

ERASMUS: «*SPAIN IS DIFFERENT*»

Si el «forastero» puede sentirse un poco fuera de lugar, el estudiante Erasmus (Orgasmus le llama el «salido») se encuentra en un mundo completamente distinto al suyo, en un país del que ni siquiera conoce bien el idioma. Más le valdrá no empezar con el *heavy* como amigo, pues su léxico no es precisamente el que se aprende en las escuelas de idiomas:

—¡Qué perra mi vieja! Sólo *m'a dao* tres *libras p'al papeo*.

El Erasmus varía de aspecto y carácter según su procedencia. He aquí los principales tipos de visitantes extranjeros:

- Chico de dos metros, aspecto de muro, cecea más que ningún otro y es muy serio: holandés.
- Chica rubia de un metro ochenta y cinco, con coloretes tipo Heidi, delantera prominente, anchas caderas y grandísima: holandesa.
- Chica inquieta, de aspecto *hippy*, nunca está tranquila, y es una fumadora empedernida: francesa.
- Chico de larguísima melena rubia, bigote, perilla, aspecto vikingo y con apariencia de *hooligan* borracho y vándalo: inglés.
- Chico rubio que aparenta dieciocho años pero tiene veintinueve, pone cara de no saber nada y se hace el sueco: pues eso, sueco.
- Chico extravertido que mueve mucho las manos, lleva camisa de cuadros, siempre habla de fútbol y odia al Milán: italiano.
- Chico bajito, tan sonriente como velludo, pelo muy negro, con novia española: portugués.

Los Erasmus parten con un privilegio del que todos quisiéramos gozar: saber desde el principio de curso que están aprobados hagan lo que hagan. Aun así, los profesores les obligan a trabajar de lo lindo, sobre todo aquellos que quieren dar a entender que «¡Aquí mando yo!» y les hacen repetir tres y hasta cuatro veces los exámenes.

Los Erasmus se relacionan como pueden con alguna gente de la clase, pero sobre todo es entre ellos como mejor pasan sus horas de ocio y diversión. Organizan sus propias fiestas, realizan excursiones en grupo y forman corrillos en los pasillos para discutir en su lengua materna sobre «*the mother fucker*» o «*il stronzo di merda*» de profesor que tienen atravesado. Se conocen entre todos, aunque no estén en la misma clase. Forman así clanes franco-holandeses, una familia nórdica, una colonia portuguesa y, cómo no, una mafia italiana.

CURRANTE Y EL ENVEJECIMIENTO PREMATURO

Hablamos ahora de ese individuo que ha tenido la suerte de encontrar trabajo varios años antes que el resto y ocupa el día entero entre el *curro* y la carrera. Ignoramos si tiene momentos de descanso. Si séptimo de EGB es el curso en el que se empieza a superar a los maestros en estatura, tercero de carrera es el año en el que algunos alumnos comienzan a parecer mayores que sus profesores.

En efecto, el «currante» podría pasar perfectamente por el padre de alguno de sus compañeros, no sólo por su impecable traje, su corbata y su maletín, sino también por su amplia frente, pelada coronilla de la más pura tradición franciscana, la barba de cuarentón, así como su aplomo y serenidad. Si alguien tiene que pasar por profesor para una novatada, este personaje debería ser el elegido en todos los casos si no fuera tan serio.

Sin su rígido uniforme de profesional pierde varios años, pero mantiene el mismo aspecto de «abuelo de la clase». Apenas toma apuntes, tal vez porque no los necesita; ¿hay mejor enseñanza que la práctica? Los responsables del Ministerio de Educación y Ciencia deben de pensar que no, porque las clases prácticas brillan por su ausencia.

El «currante» pide siempre en los exámenes un certificado, no porque se lo vayan a exigir en el trabajo, sino porque es un modo tan pícaro como otro cualquiera de predisponer al profesor a su favor apelando a la caridad o a la compasión (¡qué sabrán ellos de esto!). Si su examen no está tan bien como otros, el profesor, en vez de pensar mal como siempre («Este tío es un vago»), meditará profundamente: «Pobre hombre, con tanto trabajo no habrá llegado a este tema.» Es un truco tan lícito como cualquier otro, y resulta casi infalible con las profesoras.

El perdonavidas: «¿Quieres bronca, eh? Vamos fuera»

Por desgracia existen demasiados sujetos como éste en la universidad y, dato curioso, todos suelen responder a la misma descripción: un metro noventa, anchas espaldas, gesto continuo de fastidio, mueca *stalloniana*, generosas patillas, andares chulescos, mirada desafiante y, por lo general, encefalograma plano y nula conversación.

Al «perdonavidas» le gusta pasear clavando miradas en la gente, como si fuera diciendo: «Cuidado, que aquí estoy yo.» Cuando el «perdonavidas» atraviesa la cafetería debe de salir convencido de que más de uno da gracias a Dios por seguir vivo un día más. Parece que no hay muertos, desmayos o pelea porque no quiere:

- A esa chica que se atrevió a mirarle, parece replicarle: «Ahora no, niña. No me apetece.»
- A ese chavalín ¡de primero! que osó tropezar con él: «¡Que no se repita!»
- A todo aquél que le mira sin querer: «¿Qué pasa? ¿Me estás pidiendo que te dé una paliza?»
- Al camarero que tarda en atenderle da la impresión de que no lo aplasta por cansancio.
- Si en clase un profesor comete el error de advertirle algo, parecerá que le lanza cuchillos con la mirada y que le dice: «Te vas a enterar.»

Por supuesto, jamás utiliza las palabras ni mucho menos los actos. Se dedica a acongojar a la gente con sus miradas, que él cree temibles, pero que se acercan más bien a lo cómico. Padece sin duda una neurosis obsesiva o sufre una parálisis cerebral, pues tiene la absurda idea de que todo el mundo está en su contra.

Tiene un par de amigas que le hacen caso y con las que intenta ser gracioso, pero sólo un diálogo de *culebrón* resulta más patético que su figura. Parece feliz con la idea de que nadie es más duro que él, y si alguien no está de acuerdo: «¡Vamos fuera! ¡Demuéstramelo!»

Los ausentes

Por último no podíamos olvidar a ese numerosísimo grupo de alumnos que se permite el lujo de no ir a clase NUNCA. A veces se les conoce porque un día cometieron el error de dejarse atrapar en una clase, pero sobre todo aparecen durante los exámenes. Resulta asombroso observar la cantidad de caras nuevas que se descubren durante la celebración de un examen. Uno llega a pensar que se ha equivocado de clase o de aula al encontrar tanto desconocido.

En estas ocasiones se da uno cuenta de que buena parte de los *museros* de la cafetería pertenecen a tu propia clase y uno se sorprende al contemplar que la carrera es, para ellos también, algo más que una excusa para jugar a las cartas.

Por sorprendente que pueda parecer, hay otros individuos que jamás pisan las aulas. En estos casos es por simple vagancia, por sufrir de la mayor de las perezas. Es gente que aparece por la facultad una vez al mes para recopilar apuntes y no vuelve a acercarse hasta el día de los exámenes. A veces es fácil entender a estos sujetos:

- Madrugar... ¡Qué pereza!
- El autobús... ¡Qué coñazo!
- Cinco horas de clase... ¡El suicidio!
- Mejor quedarse en casa cultivando unos helechos y leyendo la canallesca del día anterior.

Otros ilustres ausentes de fugaces apariciones en los exámenes son los repetidores, buenas gentes deseosas de contar a los primerizos en la asignatura las perrerías que les hizo el profesor de marras en años anteriores. Las cantinelas preferidas de estos divulgadores de la injusticia son:

- «Ten cuidado con tal, que a mí...»
- «No le pongas nunca tal, que a un amigo mío...»
- «A mí me cargó por una chorrada, le puse...»
- «El muy cabrón me tiró con un cuatro con ocho.»

Por último, también se dan puntual cita a estos controles escritos de conocimientos unos individuos que depositan todas sus esperanzas en su habilidad digital, esto es, en su facilidad para el manejo de chuletas, dar cambiazos, sacar apuntes y libros en presencia de vigilantes al acecho. Se da el caso de gente que se enorgullece de no haber estudiado jamás un examen. La verdad es que tiene tanto mérito como lo contrario: no haber caído nunca en la tentación de hacer alguna trampa.

LOS PROFESORES

Llegamos por fin al apartado dedicado al enemigo público número uno de los estudiantes, a los personajes sobre los que descargar las iras y frustraciones, a los causantes en primer grado de los fracasos universitarios, a los sufridores de toda clase de insultos e improperios, en suma, a los capullos que amargan la apacible existencia del estudiante medio.

Sabio es nuestro rico y variado léxico. Los estudiosos de la lengua se encuentran divididos en dos corrientes acerca del origen de la palabra «estudiantes»:

- Los que defienden que tiene su origen en los consejos paternos: «¡*Estudia antes*, no lo dejes para el final!»
- Los que aseguran que nace como una repetición de una pregunta que hacen los compañeros de clase: «*Es tu día antes* de entregar el trabajo. ¿Has empezado?»

Sin embargo, a la hora de encontrar la etimología del horrible vocablo «profesor», los expertos se encuentran confundidos:

- Hay quienes defienden que proviene sin duda del latín: «*Suspenditus ex profeso.*»
- Hay quien lo analiza como una palabra compuesta por otras, plenas de significado: «Pro», que indica que se trata de una profesión. «Fe», la de algunos estudiantes en pensar que van a aprobar con determinados elementos. «Sor», pues se trata en la mayoría de los casos de auténticas hermanitas de la caridad.

En el fondo, muy en el fondo, no son mala gente. Es un colectivo maltratado injustamente. Son simpáticos, amables (sí, me están apuntando con una pistola). A veces se llega a entablar amistad con alguno de ellos, pero se trata de una amistad contra *natura*, tan dependiente de las notas como un entrenador de fútbol de los resultados. Puede que alguna vez, y sin que sirva de precedente, nos tomemos una cerveza con uno de estos «enemigos» («¿Por el interés te quiero, Andrés?»). Puede que hasta intercambiemos algún chiste, pero ay de ti si nos suspendes. La próxima vez, ¡ni cervecita, ni leches!

JUBILADO AL PIE DEL CAÑÓN

Nadie mejor para empezar que este profesor cuya edad rebasa con creces los sesenta y cinco pero que, nadie entiende por qué, permanece al pie del cañón e imparte su clase año tras año. Es cierto que muchas personas conservan a esa edad una lucidez y una claridad de ideas envidiables incluso por quienes tienen cuarenta años menos, pero no es éste el caso. Este venerable anciano ha perdido buena parte de sus facultades, es despistado, explica pésimamente, sus conocimientos distan mucho de ser los de antaño y no pronuncia con corrección, lo que hace que algún individuo, en un acto quizá un poco cruel, elabore un minucioso y real diccionario con la traducción de las palabras del maestro sexagenario.

El profesor «jubilado» suele dar clase en primero, quizá para avisar a los novatos recién iniciados en la carrera de lo que les espera. Sin embargo, lo que se consigue es que los alumnos, irrespetuosos todavía como en la mejor época colegial, se pitorreen de los patinazos y equivocaciones continuas del «carcamal». Pocas cosas en esta vida pueden resultar tan confusas (¿el color del pelo de Marta Sánchez?) como una demostración gráfica de este profesor en la pizarra. Cualquier intento suele degenerar en el caos más absoluto, tanto por el jolgorio generalizado como por la sucesión de incongruencias expuestas durante diez hilarantes minutos. El anciano profesor observa y se concede la revancha a la hora de las notas, pues pocos profesores tienen un porcentaje de suspensos como el suyo.

Sus revisiones de examen son aún más inútiles que con el resto. Lo más que se consigue es cambiar la nota, pero para menos, y de nada valen los llantos forzados de alguna aspirante a actriz: el «jubilado» es inflexible. De vez en cuando le dan extravagancias (¿demencia senil?) del tipo:

—El examen es muy fácil, así que puntúa sobre ocho, aunque el aprobado sigue siendo un cinco.

Sus contrasentidos se han hecho famosos en el mundo universitario. Se da el caso de gente suspendida en junio pese a demostrar con el libro que tienen razón, y luego es aprobada en septiembre por error, con medias del tipo:

1ª PARTE	2ª PARTE	NOTA FINAL
2'75	5'25	5

Con lo cual el estudiante agraciado con el error se calla y olvida definitivamente a este profesor.

Novato infatigable

Ya que nos hemos ido al mayor de los profesores, vayamos ahora con el benjamín, que suele ser radicalmente opuesto al anterior. El «novato» es un profesor recién salido de la universidad. Parece menor que el alumno «currante» y se le distingue por lo siguiente:

- Entra puntual: quizás sea el único caso en toda la universidad.
- Sale diez minutos tarde.
- Habla con la velocidad del hombre de los Micro-Machines.
- Llena treinta o cuarenta pizarras por clase.

- Las carpetas se abomban por el hueco reservado a sus apuntes, que suelen doblar o triplicar (y hasta centuplicar) los de las demás asignaturas.

Seguir lo que dice y tomar apuntes es una tarea casi imposible y eso que pone mucho empeño en que se entienda lo que explica. Sin embargo, nada, no hay manera de pillar algo decentemente. Así que con el tiempo sus clases irán perdiendo adeptos, a la vez que los gana «Miss Apuntes», la cual, ¡milagro!, consigue extraer una serie de frases y razonamientos medianamente coherentes del material expuesto por este profesor. El «novato» conoce como nadie su asignatura y quizás por eso exige unos conocimientos que harían palidecer hasta a un científico de la NASA.

Los días previos a su examen se forman numerosos grupos de estudiantes que se reúnen para tratar de unificar criterios, aclarar un poco tanta confusión, completar el rompecabezas de los apuntes («Yo tengo esto»; «Pues yo, esto otro»; «Me falta ese problema»), e intentar dar respuesta a las más importantes de las innumerables dudas.

Cuando por fin llega el examen y comienza la lectura de las preguntas, se observan rostros desencajados, miradas entre pensativas y atónitas, gestos de sorpresa y asombro y, sobre todo, se adivinan numerosos pensamientos de «¡Qué cabrón!» malamente contenidos. La sensación que se tiene al acabar estos exámenes es de vacío total, hasta el punto de llegar a pensar más de uno si no se habrá equivocado de carrera.

«FOTOCOPIÓMANA»

Así llamada por su irrefrenable pasión por las fotocopias. Esta afición sólo puede entenderse por razones lucrativas (negocio familiar o comisión del servicio de la facultad), o por motivos filosádicos, porque disfrute observando a sus alumnos cargar con los cuatrocientos folios correspondientes a cada día.

Al comienzo del curso se advierte que no utiliza un libro específico, por lo que la *peña* comete el error de considerar su asignatura una *maría.* Sin embargo, enseguida apreciarán su equivocación. El primer día esta profesora comenzará diciendo: «Aquí tenéis el primer tema. Se lo dejo al delegado para que lo fotocopiéis», al tiempo que muestra un fajito de unas cien hojas. Al principio, no se le dará mayor importancia, pero después de varios días con la misma cantinela y al ver cómo aumenta la cantidad de fotocopias, comenzarán las quejas y preocupaciones. «Aquí tenéis unos artículos de... (*la madre que te parió*) ...que os serán útiles y necesarios.» «Y aquí tenéis la legislación que vais a necesitar para los casos prácticos.»

La legislación es el martillazo definitivo que hunde bolsillos y brazos. Además, y ya no se entiende sino como una tomadura de pelo, cerca de la mitad de esa legislación está derogada, cosa que poca gente sabe y que llega al conocimiento general cuando se publican las notas y el noventa por ciento del alumnado se ve suspendido en la parte práctica. «Fotocopiómana» dirá después: «Lo había advertido cientos de veces en clase.» Su cínica sonrisa irritará a unos, exaltará a otros y provocará airadas reacciones contra su persona en todos. Después de esta siniestra broma no se volverá a cometer equivocación parecida, excepto por parte de aquel que hace bueno el dicho: «El hombre es el único animal que tropieza dos veces en la misma piedra.» La gente comenzará a acudir más a menudo a clase, pues ya no se fiará de nada ni de nadie.

Una vez conocidas las trampas y triquiñuelas de esta tipeja con vocación frustrada de humorista, el porcentaje de aprobados aumentará sensiblemente, eso sí, gracias también al notable esfuerzo por parte de los alumnos. Los apuntes se han ido acumulando y se miden no ya por folios, temas o kilos, sino por centímetros. Un examen de la «fotocopiómana» puede llegar fácilmente a los diez centímetros de grosor. Por tanto, si no se consigue aprobar en los parciales, la condena a septiembre es casi segura.

MÍSTER «PEZ GORDO»

El «pez gordo» es ese sujeto de reconocido prestigio en su campo que da clases en la universidad como cuarta ocupación profesional y que tiene la vanidad como principal característica. Trabaja en un despacho propio, escribe artículos en algún periódico o revista especializada, es catedrático, participa en debates o programas de radio y alguna vez de televisión (no, en *La batalla de las estrellas*, no) y está enamorado de su figura. Es presuntuoso, fanfarrón y narcisista. Quizás su única motivación para dar clases sea lucirse, sentirse situado por encima de todo y de todos.

Alaba sus propios trabajos, sus intervenciones en radio y televisión, sus artículos (de obligada lectura) y, por supuesto, su libro es el mejor y es también el que se sigue para la asignatura. Es el prototipo de profesor al que la tarima le viene enana y necesitaría más altura para separarse de la chusma de sus alumnos, a quienes en su mayoría desprecia.

Su dedo es el más temido a la hora de las preguntas, porque sea cual sea la respuesta intentará ridiculizar al alumno: «Tú no tienes ni idea y yo soy un monstruo en este terreno.» ¿Por qué disfrutan tanto algunos profesores con esta manía? ¿Intentan vengarse de alguna tortura psicológica sufrida en su más tierna infancia?

Normalmente, Mr. «pez gordo» tiene un/a profesor/a adjunto/a (pongo la «a» para que no se quejen las feministas, pero es un coñazo) que se encarga del trabajo sucio en la corrección de exámenes, es decir, de hacer la criba para que el gran señor, en su desentendimiento habitual, tenga que trabajar lo menos posible. Por supuesto, este «pez gordo» no hace revisiones de examen. Faltaría más, deberíamos estar contentos de que se digne darnos clase. Además su opinión va a misa y no tiene por qué aguantar estupideces de sus estúpidos alumnos.

Míster «pececito gordo»

Así llamado por tratarse también de un profesor de cierto prestigio, colaborador habitual de prensa y televisión, pero a quien se concede menos importancia que al sujeto anterior. Esto es algo que difícilmente soporta y su reacción consiste en dar un relieve desmesurado a todos sus actos mediante la táctica de restarles trascendencia, de mal disimular modestia, de decir las cosas como sin querer. Sus frases favoritas son:

- «Perdonad el retraso. Vengo ahora mismo del puente aéreo Barcelona-Madrid.» (Sin duda habrá forzado ese retraso para poder contarlo.)
- «Como decía ayer en Antena 3...»

- «Mañana no habrá clase porque tengo que dar una conferencia sobre...» (Descuida, sabiendo que no hay clase no interesan los motivos.)

De vez en cuando, como revancha ante el «pez gordo» por restarle protagonismo, lanzará tímidos ataques subliminales contra el mismo con expresiones del tipo:

- «No puedo estar muy de acuerdo con la opinión de "pez gordo" sobre...»
- «Me cuesta creer que así se pueda frenar la inflación, porque...»
- «Que me perdone mi querido colega, pero no puedo darle la razón respecto a...»

La falsedad con que pronuncia «mi querido colega» sólo puede equipararse a las recreaciones de un asesinato en un *reality-show*.

Mr. «pececito gordo» se enorgullece de que su libro vaya por la vigesimosegunda edición, aunque quizás debería tener en cuenta que lleva veinticinco años utilizándolo como libro de texto. ¡Ay, dichosos derechos de autor!

Se toma más en serio que su «querido colega» la enseñanza. El mismo corrige sus exámenes y hasta se presta a las enojosas revisiones, lo cual no evita que el alumno salga completamente frustrado y pensando: «Pues no me va a costar ni nada aprobar con este tío.»

Hilito de voz: «¿Me se escucha?»

Si quieres tomar alguna línea de lo que esta profesora pueda decir, más vale que te pongas en primera fila y con una trompetilla, porque si no, entender algo de lo que dice puede resultar más complicado que aguantar una edición del concurso de la OTI.

En efecto, «hilito de voz» comienza sus frases de un modo prácticamente inaudible para ir decreciendo poco a poco y acabar en un tono que lleva a más de uno a preguntarse sobre una posible sordera. Una clase suya es como una película de cine mudo, pues sólo se aprecian los gestos y de vez en cuando se puede leer alguna frase escrita en la pizarra, que es la que nos sirve para saber de qué va el argumento. La imposibilidad de percibir algo, por mínimo que sea, hace que los alumnos se empleen en otras labores más placenteras y agradables, como una *porra* futbolera, o en mantener una amena conversación.

El murmullo que se origina lleva a «hilito de voz» a pronunciar por primera vez, y sin que sirva de precedente, una frase audible:

—Si no os calláis, desde luego que no me oiréis.

Es un círculo vicioso que se repite hasta el final de la clase: película muda, murmullo general, advertencia, mímica, animadas tertulias... Así por los siglos de los siglos. La pobre se quejará de su garganta, dirá que se está desgañitando, que se está dejando la voz y que si la gente no se calla, se va. Amenaza farolera, puesto que se repite a diario, pero nunca se cumple.

Un buen día la universidad decide modernizarse, tira la casa por la ventana e instala micrófonos. No obstante, ¡vaya por Dios!, «hilito de voz» se niega a utilizar este invento. Alega no sentirse cómoda emulando a la rana Gustavo. Parece ser que a esta profesora no le va la tecnología punta. ¿Quién sabe?, a lo mejor en su casa sigue utilizando el brasero de la abuela, gramófono y condones de ganchillo.

Paso del pasota

Es el antiprofesor por excelencia. Por qué da clases es algo que escapa al entendimiento humano. Quizás sea un error burocrático y le correspondería estar de monitor de Gimnasia, porque no se explica de otro modo su dejación de funciones. Actitud ésta que, por otro lado, suele ser bien acogida entre la masa estudiantil, ya que supone un aprobado seguro y varias horas menos de clase a la semana.

Llega tarde, cuando llega, y cuando falta no se molesta en dar explicaciones sobre su ausencia. Explica (es un decir) cuatro chorradas por hora y hasta él mismo parece afirmar con sus actos y sus palabras que el tema tratado es una gilipollez. Lo ideal para todo estudiante es tener a un profesor de este tipo a primera hora, porque significa que ese día se madruga menos. Nadie como este individuo para fomentar el absentismo. Es curioso, pero ocurre en el noventa por ciento de los casos, que la gente acaba haciéndose su propio horario mental sin contar con la asignatura de este (y algún otro) profesor. Tenemos así que la interminable semana de cinco agobiantes días se convierte en una de tres y medio donde no se madruga dos de los días.

Para el primer parcial se suele estudiar lo mínimo, como medida de precaución y para averiguar qué tipo de exámenes pone. Si este profesor pasa de ir a clase, pasa de explicar, pasa del temario, pasa de las preguntas y pasa de las notas, ¿cómo va a preocuparse por vigilar en un examen? La invitación a la puesta en común de conocimientos es evidente y raro es el estudiante que la desaprovecha. Yo me he contagiado de

esta apatía y paso de seguir hablando de este tipo tan apreciado por el alumnado.

IRASCIBLE: «¡¡¡COÑO, YA ESTÁ BIEN!!!»

Suele ser profesora y la pedagogía no es su principal habilidad ni la paciencia su mayor virtud. Es lo que se dice una mujer de armas tomar. Le cuesta explicar las cosas y su rasgo de carácter esencial es su nula paciencia. No soporta nada, ni coloquios ni charlas ni ruidos ni sonrisas. Se pasa las clases llamando al orden a la gente con sus frases favoritas: «¡A veeer...!» «¡Callarse!» (mira que suena mal). Sin embargo, al final siempre acaba mostrando esa camionera que lleva dentro: «¡¡¡Joder, ¿es que no vais a parar?!!! ¡Me tenéis hasta los... hasta las narices! ¿Qué pasa, que yo soy gilipollas y tengo que aguantar? ¡Joder, ya está bien!»

Sus arrebatos se han hecho famosos y son de los pocos acontecimientos que pueden hacer que un estudiante lamente haber faltado a una clase. Es la profesora del eterno cabreo, de la eterna mirada asesina, del eterno odio hacia los estudiantes.

El turno de la revancha le llega a la «irascible» el día de los exámenes, único momento en el que se puede observar su sonrisa, bastante maliciosa, pero sonrisa al fin y al cabo. Pondría la mano en el fuego al afirmar que es de los pocos profesores que mira las fichas y las fotos de los alumnos a la hora de establecer las calificaciones:

—Este payaso, ¡al hoyo! ¡Huy, éste! La «sonrisitas», conque «ja, ja, ja», ¿eh? Otra menos.

Como dicen por ahí, la mitad del mundo no comprende los placeres de la otra mitad, y me refiero a ambos bandos.

«¿Era un chiste?» Graciosete

Llegamos al auténtico animador de las clases, al profesor dotado de un sentido del humor incomprensible, al individuo que consigue arrancar buen número de sonrisas en sus alumnos. Esto no sucede por sus chistes, que son pésimos, sino porque la mayoría de la gente termina preguntándose sobre la cordura de este sujeto. Sus clases son una continua exposición de incongruencias salpicadas de comentarios que pretenden ser entre irónicos y jocosos, y que parecen ensayados. Después de cada supuesto chiste, el «graciosete» sonríe y deja una pausa para observar el impacto de su ingenio, la hilaridad general, la celebración de su sagaz comentario. Por el contrario, la reacción que provoca en los dormidos estudiantes suele ser de perplejidad: «¿Era un chiste?» A pesar del cruce de miradas y el asombro del público congregado, el profesor no ceja en su empeño y volverá a intentarlo con el ánimo de quien quiere hacer olvidar su frustración.

Por supuesto, no desaprovecha la ocasión durante los exámenes para dejar su particular impronta, su nota humorística, con enunciados del estilo:

- «Un grupo de alumnos de empresariales pide apoyo financiero a su profesor de-lo-que-sea, el cual se lo concede gustosamente y sin cobrar interés alguno...»
- «Usted, como abogado en ciernes y experto conocedor de la materia, debe decidir sobre este asunto.»

- «Un inversor japonés, dada su gran habilidad para el mundo de los negocios, le pide consejo e información sobre el sector de la comida para perros, con el fin de realizar una fuerte inversión...»

Los examinados se encogen de hombros, se confían y le devuelven la broma de la misma manera:

- «Y una vez resuelto el problema, agradecemos efusivamente al profesor su colaboración y le obsequiamos con una opípara cena en un lujoso restaurante.»
- «Esta es la sabia decisión del abogado en ciernes que conoce estos asuntos como la palma de su mano.»
- «Y mi consejo final para el inversor japonés sería que llevara adelante su proyecto, no sin antes consultar con una buena asesoría especializada en estos temas, tipo Burger King.»

El problema llega si se suspenden estos exámenes y se acude a la revisión de los mismos. «Graciosete», al leer las frases de *coña,* sonreirá y parecerá decir: «Je, qué jocoso: uno que va de gracioso, y no los soporto. Un punto menos.»

«Majete» o la puñalada trapera

El «majete» es ese profesor de apariencia agradable, simpático, amable, divertido, que se gana la confianza de los estudiantes para después, en los exámenes, pegarles el palo. Es por ello que también podría apodársele «Ciniquete».

Los primeros días del curso habla de su asignatura

como si fuera la *maría* del año. Afirma que le da igual la asistencia o no a las clases y repite una y cien veces que sus apuntes para el examen son escasos. Una por una, podemos desmentir todas sus aseveraciones.

En primer lugar, de *maría*, nada. El porcentaje de suspensos es elevado, mayor que en alguna de las otras asignaturas. Luego dirá: «Me he sorprendido al ver el bajo nivel general de la clase. Yo no sé si es que no me he explicado bien.» Suele ocurrir, pero esto ya pasaba en los tiempos escolares, que diga que el nivel de cursos anteriores era mucho mayor. Tengo curiosidad por conocer a algún portento de la promoción precedente, toda la vida oyendo lo listísimos que eran.

En segundo lugar, estamos de acuerdo en que sus clases son las menos concurridas, pero ¡ay de ti como suspendas y seas un *pellero*! Descuida, que te lo recordará convenientemente cuando le llores esa decimita de menos.

Y en tercer lugar, sus apuntes, en efecto, son bastante reducidos en comparación con otras asignaturas, pero es que hay truco: además de los apuntes, este profesor no había mencionado todo el material complementario que iba a ser necesario y que entrega la semana previa al examen. Total, que al final nos encontramos con un examen tan *tocho* como cualquier otro.

La evolución del pensamiento estudiantil sobre este profesor viene a ser como sigue:

- Diciembre-febrero, tras varias charlas, algún buen chiste en clase y una cerveza en el bar: «Vaya, parece majo este tío.»
- Febrero-marzo, con los exámenes (que al fin y al cabo son el medidor de *hijoputez* de un profe-

sor), las notas y las revisiones: «Parecía majo y ha resultado otro cabronazo más.»
- Marzo-mayo. Frialdad, distanciamiento: «No puedo ni verlo.»
- Junio. Examen final: Aprobados: «Ni tan majo, ni tan cabrón.» Suspensos: «¡Qué tío más...!»

Quizás sea un grave defecto de los estudiantes valorar al profesorado por su bondad a la hora de las notas, pero debe ocurrir así para que se mantenga un cierto orden natural, un equilibrio de fuerzas, una ligera armonía. ¡Qué coño!, el profesor que suspende se merece que le llamen de todo.

Homenaje al profesor desconocido

Por supuesto, no podíamos concluir el apartado sobre el personal docente sin rendir honores al «profesor desconocido», ese hombre o mujer al que por unas u otras razones no se llega a ver en todo el curso.

Normalmente da sus clases los lunes a primera hora, razón más que suficiente para no acudir jamás a sus lecciones de discutible interés: el cuerpo pasa factura a los excesos del fin de semana. En alguna ocasión el alumno se siente tentado de conocer al titular de la asignatura, intención que se olvida con facilidad al poner los pies en el suelo a las siete de la mañana. Lunes tras lunes, el alumno va faltando sistemáticamente a estas clases inhumanas. Cuando el curso se encuentra ya muy avanzado se dice a sí mismo que no merece la pena empezar a ir ahora que ya se han perdido dos meses de asignatura. Trabajándose un poco a «Miss Apuntes» se obtienen los datos y las fotocopias necesarias para presentarse al primer parcial, que por lo general se suspende.

El estudiante dormilón acude a este primer examen con la esperanza de, al menos, conocer a este profesor. Sin embargo, ocurre con frecuencia que tampoco en esta ocasión se llega a ver cumplido tal objetivo. Por lo general, el «profesor desconocido» delega en algún adjunto (léase *mandao*) del departamento, el típico recién licenciado a quien se encarga el trabajo sucio, la vigilancia del examen. Otras tareas que el «desconocido» encargará a su sicario consistirán en pasar las notas al ordenador, publicarlas, llevar cafés y charlar con la secretaria.

El alumno poco madrugador y suspendido no tendrá la cara de acudir a la revisión de examen, con lo que se pierde otra ocasión de oro de apreciar por primera vez las facciones de este profesor.

Hay un día en el que, ¡aleluya!, se consigue saber por fin quién es este sujeto. Este día suele ser el del examen final. Entre dientes, algunos alumnos, dormilones de fin de semana, murmuran: «Conque este es el hijo de su madre que...»

EL PERSONAL DE LA FACULTAD

Un nuevo e interesante apartado se abre con la presentación de este grupo de trabajadores dedicados a hacer la vida del estudiante más cómoda y placentera. Por desgracia, esto es algo que no siempre ocurre así y que, en algunos casos, ni siquiera se intenta. En honor a la verdad hay que decir que la mayoría de los empleados de este colectivo realiza sus tareas con diligencia, interés y amabilidad, pero como te toque uno de los que no se toma la más mínima molestia, *t'as cagao*.

El personal no docente de la facultad tiene la misión de ayudar al estudiante en esos pequeños asuntos necesarios para el buen funcionamiento de la universidad. No obstante, se da el caso de empleados que parecen cobrar por tomar cafés o leer el periódico, y que encima se mosquean si les pides que hagan su trabajo.

El bedel: el amo del calabozo

Este pequeño gran hombre suele tener el honor de ser el más eficiente de toda la facultad en su trabajo. Al mismo tiempo se trata de uno de los personajes más apreciados por estudiantes y profesores. Es bajito, eterno traje negro, patillas a lo Peret, pelo pegado y repeinado (parece grapado) y lleva siempre, como el amo del calabozo, un manojo de treinta o cuarenta llaves. Responde a uno de esos nombres que antiguamente se ponían en los pueblos según el santo del día en que nacía el chaval. Normalmente acaba en *-asio* o *-iano*, como Caprasio, Severiano, Gervasio, Anastasio o Salustiano. Físicamente tiene un gran parecido con El Fary, si bien sólo físicamente, pues sus funciones distan mucho de entonar el popular *Ay, torito bravo*.

El bedel es el encargado de abrir y cerrar departamentos, de encender y apagar luces, de fijar avisos (nunca atendidos) en los corchos, o de llevar los enunciados de los exámenes fotocopiados a los profesores, único momento en que su presencia no es bien recibida por los alumnos. Lo más sorprendente de este hombre llegado a la ciudad durante el éxodo rural de los sesenta es su habilidad para, entre las decenas de llaves de mazmorras que maneja, saber siempre a la primera cuál es la correcta.

El personal de Secretaría: «¡Qué descansada vida!»

Peculiar trabajo el de encargarse de las labores administrativas y burocráticas, pues al parecer se *curra* por turnos, o mejor dicho, por días previamente sorteados. Al que le toca trabajar ese día, le tocará *esforzarse* de lo lindo, pero el resto del personal disfrutará de una apacible jornada de apasionante lectura o de animada tertulia.

El *Manual del universitario*, en su página 3.542, aconseja, para no sufrir colas y ahorrarse impulsos homicidas en la secretaría:

1. No pagar en dos plazos.
2. No solicitar ningún certificado.
3. No pedir un traslado de expedientes.
4. No cumplimentar ninguna instancia.
5. Jamás cambiar de clase.

El personal de la Secretaría suele ser joven, amable y pone todo su empeño en atender al que necesita de sus servicios. Uno le agradece eternamente su ayuda cuando por fin consigue solucionar los problemas del trámite (tras repetidos intentos frustrados y tensas esperas).

Como dijo Fray Luis de León en su *Oda a la administración pública*:

¡Qué descansada vida
la del que consigue un cargo de funcionario,
y sigue la escondida senda
por donde han ido
los muchos enchufados que en el mundo han sido!

Así y sólo así se entiende que un simple certificado tarde al menos dos semanas en llegar al solicitante, o que una instancia al rector quede olvidada durante más de dos meses antes de obtener contestación (culpabilidad compartida con el rector), o que la respuesta sobre una solicitud de cambio de clase llegue al cabo de un mes. Ahora bien, y esto es lo que me ha parecido más alucinante, recibir el título académico lleva la friolera de ¡dos años! Aquí habrá que exculpar al personal de la Secretaría (se puede ser lento, pero no hasta esos extremos) y buscar responsables en las más altas esferas. ¿Quién se va a acordar de recoger el título a los dos años? O más grave aún: ¿a quién puede interesarle pasado este tiempo? Quizás lo único que mueva a recogerlo tras tan *breve* plazo sea que se ha cumplido previamente con la obligación de desembolsar una importante cantidad de dinero.

«¡Qué vidorra se pega!» La secretaria de departamento

Si ya resulta desesperante el intento de obtener algún papel necesario en la Secretaría central, resolver algún problema con la secretaria de departamento es algo de suicidio. En primer lugar porque resultará más fácil encontrarla en la cafetería o paseando por los pasillos que en su puesto de trabajo, y en segundo lugar porque su incompetencia, su vagancia, o, simplemente, su cortedad mental rozan lo ofensivo.

Su función principal de cara al estudiante es ayudarle a ponerse en contacto con el profesor titular de una asignatura, con el encargado de unas becas, o con el director de un seminario (*semenario* para el «salido»), tarea que *a priori* puede parecer sencilla, pero que a la larga se convierte en un auténtico calvario, en una tortura psicológica, en un suplicio que no deseo ni al peor de mis enemigos.

Suele ocurrir que los profesores, astutos y taimados cuales zorros (y zorras), publiquen las notas pero no fijen la fecha de revisión de examen, en un ejemplo más de su habilidad, de sus estratagemas para evitar este pesado trámite. En estos casos el pobre estudiante suspendido acude al despacho del profesor y, al no estar éste (nunca están cuando los necesitas), se ve obligado a dirigirse a la secretaria del departamento. Comienza aquí la gran aventura de la inutilidad.

Primera visita, la secretaria no está: «Mala suerte, volveré mañana.»

Segunda visita, la secretaria no está: «Si es que no la pillo nunca.»

Tercera visita, la secretaria no está: «¿Dónde coño se ha metido?»

Cuarta visita, la secretaria no está: «¿Existirá realmente?»

Los estudiantes (normalmente van por parejas para estos menesteres) deciden desarrollar una estrategia de desdoblamiento: uno se queda montando guardia en la Secretaría y el otro marcha de intrépido explorador a la búsqueda de la única persona del mundo que se gana la vida tomando café. Por fin se consigue dar con ella. Es inconfundible: rubia oxigenada y mueca de prolongado enojo. Da igual hablarle con educación, su contestación siempre será como si le estuvieras diciendo lo que de verdad piensas de ella. Parece como si le molestara realizar su trabajo. Si el profesor (en un nuevo alarde de astucia) se ha ido de vacaciones y preguntamos a la secretaria, ésta siempre te contesta que estará en su despacho el miércoles a una determinada hora. Lo dice para quitarte de su vista, porque el miércoles a esa hora en el despacho no habrá nadie. La odisea suele acabar con los estudiantes abandonando por inútil su búsqueda y maldiciendo la eficiencia de la secretaria.

Sin embargo, es mucho peor aún el caso de quien ha tenido que dejar en manos de esta incansable trabajadora una documentación dirigida a un profesor encargado de unas becas, de un seminario u otros asuntos similares. Dos semanas después, y extrañado por la tardanza, el estudiante preguntará a la secretaria (si la encuentra) por dicha documentación, la cual afirmará no tener ni idea de qué se le habla con un gesto que parece decir: «¡De qué vas, chaval!» Visto el interés que se toma en el ejercicio de sus funciones, parece que no miente, que simplemente es torpe e inepta por naturaleza. Lo más sorprendente llega cuando el estudiante advierte con estupor que los papeles mencionados se encuentran exactamente en el mismo lugar donde se dejaron, encima de una mesa o sobre un montón de libros. El estudiante los cogerá con gran rabia y saldrá, portazo incluido, echando pestes a buscar por sí mismo al profesor. Este sólo aparece, como el Presidente del Gobierno, cuando se acerca un acontecimiento importante. Además tendrá que intentar convencerle de que no entrega los papeles fuera de plazo por pereza o imposibilidad, sino por incompetencia de la amante de Juan Valdés.

«Así que son...» los camareros

Mención especial merecen estos trabajadores de la rama de la hostelería, puesto que no es raro pasar más horas en su territorio que en el de los profesores. Suelen ir de uniforme, que varía según la facultad de que se trate, siendo el más hortera que se conoce el de Derecho de la Autónoma de Madrid.

Suele haber tres o cuatro por bar y tienen diferentes edades y estilos. El mayor es bajito, gordete (buenos bollos se habrá *cepillado*) y atento, pero tiene el defecto de servir siempre la comida con las manos mojadas de fregar vasos. En todo caso, siempre será preferible que lo haga así, con las manos limpias, a que pase como en otros bares, que te dan la comida con las manos secas pero tras una buena rascada de culo.

El de mediana edad es alto, espigado, de humor cambiante (tan pronto te invita como te manda a freír monas), y suele ser el menos aseado de los tres. Para colmo tiene la manía de coger la comida con las manos y parece darle igual que se le vea. En las cafeterías de las facultades ocurre como en casi todas partes (sobre todo en las hamburgueserías y bares cutres): que es preferible no ver cómo te preparan un bocadillo o por dónde ha pasado tu comida a lo largo de su proceso de elaboración.

El más joven de los tres es también el más pulcro. Tiene un tupé prominente y sabe ganarse la simpatía de los clientes.

Por último, suele haber una chica encargada de los *tickets* y del cobro de las consumiciones. Tiene la particularidad de variar los precios casi a diario: un día ciento cinco, otro ciento veinte, otro ciento diez... Mal lo tendrían los encargados de elaborar el IPC si tuvieran en cuenta estas fluctuaciones.

Existe un rasgo común a todo el personal de la cafetería: pronunciar «cocretas», «almóndigas» y «curasanes» por sistema. Por otra parte, cada uno sobresale por alguna cualidad especial. El mayor de los tres tiene una enorme memoria para recordar a quién fió un día un café o a quién se le «olvidó» el mes pasado pagar un bollo. La virtud del mediano reside en su velocidad, con récords de cinco segundos para un bocadillo de *bacon* o de siete para un pincho de tortilla. Seguramente, tanto el pincho como el bocata salidos de cocina no eran para el que lo acababa de pedir, pero así se equilibra un poco todo: un día esperas diez minutos, el siguiente diez segundos. El menor de los tres se caracteriza por su generosidad, su disposición a convidar (como decíamos en preescolar), sobre todo si se trata de atender a un par de chicas, y siempre mirando de reojo al jefe. Por último, la chica de la caja tiene su principal habilidad en el equilibrio de precios: café y *croissant* siempre valen lo mismo aunque el café haya subido. Además, la subida del *bocata* de calamares se compensa con la bajada del donut.

Las señoras de la limpieza. El algodón no engaña

Suelen ser cuatro mujeres entre los ochenta y los cien kilos de peso cada una. Visten uniforme azul claro, llevan a cabo su tarea en grupo y tienen por toda herramienta de trabajo una escoba, una gamuza de esas que se utilizan en el baloncesto para secar el sudor cuando un jugador ha caído al suelo y varias cajas de cartón. Las cajas de cartón sirven, no tanto para verter el contenido de las papeleras en ellas, como para recoger las abundantes bolitas de papel que suele haber alrededor de las mismas.

Avanzan como tanques arrasando con la suciedad a su paso y desempeñan su trabajo con una alegría envidiable. En el grupo siempre hay dos que hablan a grito pelado y se carcajean con estrépito, mientras que las otras dos se encargan, y nunca mejor dicho, del trabajo sucio.

Suelen formar enormes montañas de polvo y basura en mitad de los pasillos, lo que genera incredulidad en la mayoría de los que lo ven («¿Tan cerdos somos?»). Esto representa una buena oportunidad para que el despistado, en sus prisas, tropiece y esparza nuevamente la suciedad. Las señoras de la limpieza llamarán de todo a este chaval, que no hará mucho caso y seguirá corriendo con el rabo entre las piernas (expresión de gran sentido también para la mitad de los humanos).

De vez en cuando estas señoras friegan el suelo cercano a tu clase y, a pesar de que da lástima, no queda más remedio que pisarlo. Las huellas quedarán bien marcadas y es que quizá, como dice el anuncio: «¡Queda suciedad!» ¡Joder que si queda! Y mejor sería no hacer en las paredes la prueba del algodón. Por qué están tan negras es algo digno de estudio. Es cierto que algunos estudiantes más vándalos de lo habitual, en un estado lógico de cabreo, patalean las paredes y dejan impresas las huellas de sus zapatillas deportivas último modelo. Sin embargo, ¿cómo explicar las manchas que están a dos metros de altura?

MÁS CLIENTES QUE UNA PUTA. EL PERSONAL DE LAS FOTOCOPIADORAS

Suelen ser tres o cuatro chicas jóvenes ataviadas con bata blanca y zapatillas de andar por casa. Tienen un gesto mitad de fastidio, mitad de aburrimiento, mi-

tad de cansancio (demasiadas mitades). Y es que tiene que ser un trabajo muy duro estar todo el día pasando hojas y más hojas y plegándose a las retorcidas peticiones de los estudiantes:

—Tres de esto por una cara, dos de éstas por las dos caras, dos de esto otro por esta cara y cuatro programas de matemáticas.

A la media hora:

—¿Cómo era? ¿Dos de esto y tres de esto otro?

—Sí, digo al revés, tres de esto y dos de esto otro.

—¿Y qué más me habías pedido?

Estas pobres chicas, que pasan los días desempeñando la poco agradable misión de proporcionar a los estudiantes una oportunidad de aprobar, no son en cambio muy apreciadas por éstos, que preferirían no tener que verlas. Y es que acudir a ellas es un palo a la paciencia, un palo a la normalmente maltrecha economía estudiantil y un palo a las ganas de estudiar:

—¿Mil quinientas pelas? ¿Trescientos folios? ¡Fiiuuu!

No hay nada personal en ello, pero el estudiante intentará volver lo menos posible a encontrarse con estas chicas, lo cual resultará inevitable dada la existencia de esos profesores que parecen competir por ver quién es el que más fotocopias ha colocado a sus alumnos. «Fotocopiómana» suele llevar ventaja durante todo el curso, seguida de cerca por Mr. «pez gordo» y un poco más atrás por la «irascible». Sin embargo, el peor de todos suele ser el profesor «majete», que lleva a cabo poderosos *sprints* finales y consigue acercarse mucho a la cabeza mediante la táctica poco sutil de:

—Como no nos va a dar tiempo a ver estos temas, aquí los tenéis para fotocopiarlos.

El sonido de la enorme pila de papel al posarse sobre la mesa suele ser un ¡zas! bastante clarificador del trabajo que costará meterse eso en la cabeza en menos de una semana.

POLICÍAS, BANDIDOS Y UN SOPLÓN, LOS VIGILANTES DE EXAMEN SON

Los sujetos encargados de la labor policial de vigilar los exámenes suelen ser adjuntos al departamento de la asignatura en cuestión, secretarias o simplemente *mandaos*. Los preferidos por los examinados son las parejas chico-chica jóvenes y con muchos temas que discutir, lo que da pie a que los estudiantes también tengan la oportunidad de comentar sus «cosas».

Existen también los estrictos vigilantes Starsky y Hutch, a los que les gusta camuflarse entre los alumnos. Llevan siempre el dedo en el gatillo y tienen como sueño dorado descubrir un alijo de apuntes ocultos. Esto será comentado después por los alumnos pillados *in fraganti*:

—¡*Al'ijo* de puta ese me lo voy a cargar!

En los exámenes con estos individuos uno nunca está tranquilo. Hay que andar con más ojos que un bicho de *Star Trek* y el nerviosismo se suele reflejar más adelante en unas notas bajas, algo a lo que contribuye también el no haber podido echar mano de ciertos utensilios indispensables.

Otro tipo de vigilante muy común es el ayudante joven del profesor, que se suele distinguir por echar una mano si le preguntas insistentemente acerca de una supuesta duda. Lleva un hilo colgando y resulta increíble lo que se puede obtener tirando del mismo. Al principio dará rodeos como un soplón de película de gángsters:

- «Está claro.»
- «No te puedo decir nada más.»
- «Ahí tienes todo lo necesario.»

Insistiendo y levantando un par de veces más la mano se puede conseguir que te haga el examen completo en sucio. A veces uno se pregunta si no sería mejor poner sólo nuestro nombre y darle a él el boli para que hiciera el resto. «Su» examen obtiene un aprobado en el noventa y cinco por ciento de los casos, con lo cual el estudiante quedará eternamente agradecido y rezará por volver a encontrarse a este peculiar vigilante en la siguiente ocasión. Por desgracia, esto no ocurrirá.

Todo lo contrario a este soplón es la secretaria borde, esa tipeja suspicaz, inquieta y con ganas de cargarse a alguien. Se pasará el examen recorriendo el salón de actos de arriba abajo con sus discretos y silenciosos zapatos de tacón que provocarán en más de uno las ganas de saltar a su espalda y clavarle la rodilla en las costillas, a ver si así para de una vez. Al más mínimo susurro se abalanzará sobre el emisor y el receptor del mismo, con la furibunda intención de quitarles el examen, a lo que éstos se negarán. La secretaria, en su único acto de humanidad, accederá diciendo: «Bueno, pero ya está bien, ¿eh? A la próxima os vais a la calle.» Esta escena se repite varias veces a lo largo de un examen, pero como siempre se trata de diferentes personas no puede culminar sus intenciones, excepto en el caso del estudiante «malasuerte», a quien suele pillar en el último momento y le obliga a entregar la hoja: «Si me lo das ahora mismo, no pongo que estás copiando.» «Vale, vale», contesta el alumno mientras escribe a toda velocidad las cuatro palabras que le acaban de soplar.

BIBLIOTECARIA: LA ABUELA DE LA FACULTAD

Es una señora que ronda los sesenta, lleva siempre una chaqueta de punto de elaboración casera y unas gafas medio caídas sobre la nariz sujetas por un cordón metálico. Su puesto es de los que menos trabajo dan en toda la universidad, ya que los estudiantes se sienten más cercanos al deporte o a la cerveza que a los pesados tomos de mil páginas e interés discutible.

Quizás sea que se aburre soberanamente la razón de que adopte un comportamiento de abuela al llegar una visita. Es decir, la bibliotecaria derrocha amabilidad, habla por los codos y se esfuerza por dejar plenamente satisfecho al estudiante. Sólo falta que saque esos bollos que toda abuela tiene siempre guardados para la visita de los nietos.

Las bibliotecas de la universidad son completísimas, pero suele ocurrir que el noventa y nueve por ciento de los libros no se utilizan desde la guerra del 36, mientras que el otro uno por ciento está tan solicitado que no hay modo de conseguirlo.

Se toma ciertas libertades dada la escasez de trabajo:

- Permite hacer fotocopias de los libros: «A quién le importan los derechos de autor.»
- Llevarse libros más de quince días: «Ya habrá pasado el plazo del trabajo y el libro volverá a su hábitat natural, la estantería.»
- Permite sacar libros sin el carnet de la biblioteca: «No te lo vas a sacar para usarlo una sola vez.»

El servicio de idiomas: curioso lugar

Penetrar en el edificio destinado a la enseñanza de las lenguas extranjeras es una de las experiencias más inolvidables que puede vivir un estudiante. Allí encontrará gente de todos los países, carteles en todos los idiomas y alfabetos posibles, fotografías de los lugares más recónditos del planeta y un guirigay (mucho *guiri* y algún *gay*) de lenguas y dialectos foráneos.

En este servicio de idiomas se enseñan no sólo inglés, alemán y francés, sino también muchas otras lenguas de interés discutible. Puede que el italiano sea útil, de acuerdo, quizás alguien esté en tratos con la mafia, un equipo de fútbol o Tele 5. Puede que también el portugués tenga su aplicación práctica si alguien tiene que ir a comprar unas toallas. El turco puede servir para negociar la compra de cazadoras de cuero u otros productos en un bazar de Estambul. Incluso el ruso, si alguien quiere ir allí a pasarlo mal, *porno* decir el griego, pueden servirnos en algún momento. Sin embargo, ¿serviría de algo poner en el currículum que se habla perfectamente danés, finés o sueco? Y esto por hablar de lenguas de países cercanos. Porque, ¿de verdad hay alguien interesado en aprender búlgaro? A lo mejor Cruyff, a ver si así le entiende Stoichkov. ¿Y el árabe? ¿Para montar un harén? Por idiomas no falta ni el serbo-croata, aunque me inclino a pensar, vistos los acontecimientos, que no se trata de una única lengua.

En este edificio abundan los profesores nativos, así llamados por ser originarios del país de la lengua que enseñan, no por lo que su nombre evoca: plumas, taparrabos, huesos atravesando la nariz y hambre de carne humana (algo erradicado de Africa, pero vigente en la universidad, donde proliferan los casos de antropofagia).

Según se avanza por este edificio babeliano las sorpresas del visitante son mayores, sobre todo si se abre alguna puerta. Desde una chica de rasgos orientales garabateando en una pizarra ante tres alumnos, hasta una película italiana (que siempre va de Marcello Mastroianni anciano volviendo a su pueblo a visitar a su familia a la que no ve desde hace treinta años), pasando por la clase de árabe en la que la profesora se cubre el pelo con una especie de funda de almohada, o la de alemán donde un tío de dos por dos metros escupe a sus numerosos alumnos.

LA TRAMA

Una vez vistos el lugar y sus gentes entramos en lo que es la vida universitaria en sí, la narración de esas fechas tan señaladas, de esos acontecimientos tan esperados en la vida del estudiante. Suele ocurrir que un amigo de un amigo se encuentre un par de cursos por delante de nosotros y nos describa la carrera así: «Primero es difícil; te dan el palo para hacer la primera criba. Segundo es sencillito para que te vayas asentando. Tercero es la leche; es dificilísimo porque hay que hacer la gran selección. Cuarto y quinto son un paseo, son relajados y tranquilos.»

Pues bien, es falso. Más falso que las sonrisas enlatadas de una telecomedia. La realidad es muy distinta. Primero es dificilísimo porque el estudiante llega nuevo, los profesores no son los más adecuados y hay que eliminar a mucha gente. Segundo puede ser más fácil en conjunto, porque de seis asignaturas, tres son *marías*, pero las otras tres son tan duras que se suele arrastrar alguna hasta cuarto. Tercero, en efecto, es la leche, porque se hace la última gran criba. Llegado a este punto el estudiante puede pensar: «Bufff, ya he pasado lo peor. Ahora dos años cómodos.»

¡¡Gran error!! Cuarto es el año de la especialidad y parece ser que los profesores se disputan el dudoso honor de tener la más dura (la especialidad), por lo que este curso se convierte en otro infierno. Y cuando el estudiante suspira previendo un quinto cuesta abajo, se encuentra con el Alpe d'Huez: el ochenta por ciento de los profesores son catedráticos, muy exigentes, amantes de las fotocopias y bastante perros a la hora de corregir. Parecen decir: «Hala, para que os llevéis un buen recuerdo de vuestro paso por aquí.» Así que después de un primero difícil, un segundo agónico, un tercero desesperante, un cuarto acongojado y un quinto de sufrimiento continuo, el estudiante aplicado, al ver sus aprobados, dedica un sonoro corte de mangas a toda la institución que le rodea.

No obstante, la universidad será recordada por el alumno, pasado un tiempo prudencial, con cariño y hasta con cierta nostalgia, pero tampoco mucha, no exageremos. La vida universitaria está llena de gloriosos momentos que son los que ahora voy a intentar rememorar.

EL PRIMER DIA DE CLASE

Lo normal es llegar a la universidad sin conocer a nadie, andar despistado, preguntar a todo el mundo y sudar tinta para encontrar el aula dentro del complicado laberinto de la facultad. Para colmo, las indicaciones no son lo que se dice precisas y se forma un jaleo de números y letras (árabes, romanos, a mano, semiborrados, caídos...) que no hay quien se entere. El novato encuentra por fin su clase y el panorama suele ser desolador: «Con lo bien que estaba yo en el instituto.»

El primer día de clase no suele venir ningún profesor, quizá porque les suponga mayor trauma aún que a los estudiantes el final de las vacaciones, o quizá porque es el día reservado para las novatadas. Los apuntes que un novato toma en su primer día de clase caben en un billete de metro por encima de la banda magnética. En fin, que el primer día se suele volver a casa con el horario (que luego sufrirá más modificaciones que la cara de Michael Jackson). Además habremos conocido a un chaval de clase, habremos echado un ojo al personal del sexo contrario con vistas a... y nos encontraremos en el bar a un compañero de la infancia.

La novatada más típica es la del alumno con apariencia de treintañero (normalmente el «currante»), bien vestido y que se hace pasar por profesor. Sus compañeros se camuflan entre la chusma primeriza y él empieza a soltar una breve descripción del curso, por llamar de algún modo a la sucesión de incongruencias que relata haciendo hincapié en la conveniencia de las visitas a su despacho de todas aquellas que quieran subir nota. Mientras dice esto, se frota las manos y sus amigos, al fondo de la clase, hacen verdaderos esfuerzos por contener las risas. Cuando los novatos todavía no han empezado a mosquearse, los compañeros del supuesto profesor comienzan el turno de preguntas. Empiezan con frases de doble sentido que hacen despertar las primeras sospechas entre los nuevos:

—¿Cómo puntúa los trabajos manuales?

—¿Es cierto que le gusta el anal...(*tos*) el análisis de mercados?

Tras estas intervenciones, cuando ya algunos han

advertido la broma, los bromistas «arreglan» la situación con preguntas ligeramente más escabrosas:

—¿Va a seguir valorando de igual manera el uso de minifalda?

—¿Sigue teniendo el famoso diván en su despacho?

—¿Puntúa negativo follar, digo fallar, en los exámenes *cipo test*?

En medio del jolgorio general las últimas cuestiones planteadas apenas se escuchan:

—¿Debo fingir mi orgasmo?

—¿Por qué le llaman «Revientabullas»?

Los novatos ríen las gracias, hacen sus propias preguntas, más inverosímiles aún, y se lamentan de que no sea ése su verdadero profesor. Los bromistas se vuelven a su sitio, el bar, reviven varias veces la broma, comentan las apreciaciones de los sorprendidos novatos de su alrededor y planean repetir la jugada al día siguiente, con algunas posibles mejoras.

¡QUE BELLAS QUE SON LAS PELLAS!

Sin duda, uno de los mayores atractivos que encuentra el estudiante recién llegado a la universidad es saltarse las clases, sentirse malo por unas horas y no tener que rellenar las típicas tarjetitas con letra de madre (siempre más fácil que la del padre) autoexcusándose para salvar los rigores policiales del colegio o el instituto. Según van pasando los años las pellas se convierten en costumbre, en rutina, y pierden gran parte de su encanto. Los estudiantes se acomodan y antes que ir al bar a echarse unas cartas o al césped para hablar de culos, prefieren quedarse en casa.

A los alumnos de primero y segundo les encanta *fumarse* las clases, pasar horas y horas de risas en la cafetería y el césped y luego se pican por ver quién se salta más horas. El concepto de «pellero» se convierte en sinónimo de *enrollao*, y el de «asistente a las clases» en el de *pringao*. En tercero, uno se empieza a cansar, los chistes se repiten y la comida del bar ha agujereado ya algún estómago. Los alumnos de cuarto y quinto están tan quemados que hasta empiezan a acostumbrarse a pisar las clases.

La época más propicia para las pellas llega con la primavera. Los primeros parciales ya han pasado, los finales están muy lejanos y el clima invita e incita a disfrutar del sol y el aire libre. La universidad cambia de aspecto, presenta un nuevo color: el verde del césped queda oculto por centenares de camisetas blancas y vaqueros azules (¿uniforme universitario?). Las parejas se encuentran con un clima perfecto para emplearse en sus menesteres y los corrillos de gente hablando de todo tipo de temas se multiplican.

El color de piel de la gente es el mejor distintivo para saber quién toma apuntes y quién aplasta hierbas. Las madres se hacen las despistadas al observar la saludable tez morena de sus hijos:

—Estás negro, ¿qué es lo que haces?

—Nada, es que ahora hago mucho deporte.

—¿Tú? Vaya, eso está bien.

Es digno de un estudio sociológico la diferencia entre lo que las madres creen y lo que quieren creer.

De cualquier manera, las pellas merecen otro tratamiento, son dignas de consideración y respeto por cuanto suponen en la formación del estudiante como persona. Gracias a las pellas crecen y se consolidan amistades y relaciones que suponen «algo más que amistad». También pueden ayudar a mejorar la destreza en un determinado deporte, contribuyen a la integración del individuo en su entorno, a la formación de su personalidad... Son útiles también para el intercambio de opiniones con gentes diferentes. Aunque, para qué mentir. Todo esto son sólo excusas que añadir a las tradicionales:

- «Si con los apuntes vale» (excusa válida a todas horas).
- «Vaya palo, a las ocho» (para la primera clase).
- «Tengo hambre» (para la última hora).
- «Menudo coñazo» (para la clase de media mañana).
- «Tengo partido» (no hay color).
- «Una vez al año y hace daño» (para esa clase a la que no se va casi nunca).
- «No me apetece» (y punto).

CERVEZA POR LOS PASILLOS

Las fiestas que se celebran en el interior de las facultades son quizás el hecho más sorprendente para los estudiantes de primer año. Todo ocurre de un modo muy rápido. Un lunes o martes se anuncia en los corchos una fiesta para el viernes a las doce de la mañana. Como suele ser habitual, ni puto caso del aviso. De repente, el viernes por la mañana, mientras se está en clase, se empieza a oír una música muy cercana. Suena a gran volumen. Es música ligera, movida, animada.

En menos de diez minutos el pasillo se llena de gente pidiendo cerveza en los dos o tres improvisados mostradores. Los *pringaos* a los que ha pillado la fiesta en clase presionan al profesor para que acabe lo antes posible sus tostones, por lo general poco atendidos, pero en ese momento menos aún.

Montar una fiesta en un pasillo resulta de lo más sencillo: bastan dos mesas, un equipo de música, unos vasos de plástico y abundante cerveza. En teoría, hace falta un permiso de las altas esferas, pero si tenemos en cuenta la ocupación de estas eminencias, y una vez empezada la fiesta, a quién le importa su posible ilegalidad. ¿Motivos para organizar una de estas celebraciones? Cualquiera es bueno: bienvenida a los novatos, preparación de los parciales, vuelta a clase, final de los parciales... todo vale con tal de ingerir unos cuantos litros del delicioso zumo de cebada y para que cuatro avispados se saquen un dinero extra.

La mayoría de la *basca* allí congregada fuma como chimeneas y en poco tiempo se forma una nube que ríete tú de Hiroshima. El ambiente se encuentra cargadísimo, ya que los arquitectos no previeron tal utilidad (¡ineptos!) para los pasillos, pero a nadie le importa. Incluso hay quien aprovecha para fumar otro tipo de sustancias de hedor insoportable.

En menos de una hora la fiesta alcanza su apogeo, que es como decir que se llega al caos. La gente se sienta por cualquier parte, la aglomeración recuerda el metro en hora punta y se originan cruentas batallas por conseguir un *mini* de cerveza. Peor aún resulta cuando se ha conseguido el preciado líquido. Entonces comienza la auténtica odisea, la aventura de pasar entre la multitud sin derramar una gota. Es ésta una tarea imposible, dados los empujones, las oleadas de gente en dirección contraria y los denodados esfuerzos que hay que hacer por mantener el equilibrio al tiempo que se esquiva a la gente que ha aposentado sus nalgas en el suelo. Cuando por fin se llega al lugar donde los amigos esperan, el *mini* ha perdido varios dedos de su contenido, pero ¡qué más da! ¡Es fiesta!

Durante estos días los bebedores de cerveza llegan a comer a sus casas sobre las cuatro y media, contentillos y con un hambre atroz, mientras sus madres les esperan con el rodillo de amasar en la mano. El diálogo que tiene lugar suele ser más o menos así de breve y conciso:

—Pero, ¿dónde has estado, sinvergüenza?

—Eeeh, había un atasco bestial.

—Sí, te voy a dar yo atasco. Anda, come, desgraciado.

El estudiante come rápido, llama a sus colegas y vuelve a quedar para *privar* por la noche. Como el alcohol de la mañana reposa aún en el estómago, el *cebollón* nocturno supera la media habitual de fin de semana.

EL PRIMER EXAMEN

Suele llegar con el turrón, a mediados de diciembre. Los alumnos de primero, procedentes de un COU más o menos duro, llegan a dicho examen con el convencimiento de que han estudiado más que nunca y esperan que no sea así toda la carrera. Les mueve el viejo principio de «empezar con buen pie» así como el temor que les ha infundido algún conocido de algún amigo suyo. ¡Pobrecillos! No basta con estudiar un poco más que en COU. Enseguida lo comprobarán.

La espera para entrar en este primer examen es una mezcla de nervios, agobios, últimas preguntas, resolución de dudas, miradas fugaces a la penúltima página y sonrisas. Siempre hay tres o cuatro chicos (las chicas suelen ser mucho más histéricas) ajenos a todo el revuelo y que se dedican a comentar el último episodio de *Los Simpson*.

Una vez dentro de la sala de tortura psicológica, los gestos de nerviosismo se suceden, la desesperación se hace patente y algunos ponen cara de incredulidad al leer y releer los indescifrables enunciados. En este primer examen se producen más abandonos que en el *Tour* de Francia. Los valientes que se quedan a acabar el examen lo hacen poco convencidos, pensando: «¡Qué más da!» y dando rienda suelta a su imaginación.

Existen dos curiosos efectos que son comunes a todo tipo de exámenes y a todos los cursos:

1. Efecto «Alfonso Guerra»: «Pregúnteme lo que quiera que yo contestaré lo que me dé la gana.»
2. Efecto «Miguel de Cervantes», consistente en llenar folios y folios de ficción literaria sin ninguna relación con lo preguntado.

Los profesores deben disfrutar corrigiendo los exámenes de estos individuos. Normalmente, ambos grupos van directos al hoyo, pero no hay más remedio que intentarlo: a veces cuela. Resulta sorprendente la capacidad inventiva del estudiante medio cuando se ve con el agua al cuello. Cuántas veces nos hemos quedado maravillados al ver que somos capaces de llenar un folio y medio respondiendo a una pregunta de la que no entendíamos el enunciado.

LAS NOTAS, DOS MESES DE ACOJONAMIENTO COLECTIVO

Son esperadas con gran ansiedad, aun a sabiendas de que los *palos* van a ser mayoría. Por qué se resisten los profesores varios meses a sacarlas es algo que escapa a toda lógica. Algunos tardan tanto en publicarlas (por llamar de algún modo a la fijación de un papelillo en el corcho con *una* chincheta), que se juntan casi con los exámenes finales, lo que provoca en los alumnos un estado de impaciencia y nerviosismo nada recomendable. Cuando ocurre esto, el estudiante que cree que va a suspender se plantea: «¿Me estudio esto o espero a que salgan las notas por si cae la breva?»

Normalmente no se estudia y sí se suspende, con lo que hay que ir contra el reloj para llegar con ciertas garantías al examen final.

El proceso hasta la publicación de las notas no debe de ser sencillo dada la demora con que suele producirse, y debe de ser algo parecido a esto:

- Día 1. Examen. El profesor recoge sonriente los exámenes: «¡Os habéis cagado!»
- Días 2 al 5. Descanso.
- Día 8. «Bueno, será hora de empezar a corregir.» Diez minutos después: «Joder, qué pesadez. Lo dejaré por hoy.»
- Día 9. «Bueno, qué remedio: al trabajo. Tengo

que inventarme algo para quitarme a la mitad de encima.»

- Día 10. «Ya está: el que no me haya puesto XXXXX, suspenso. Je, je, je. Uno al hoyo, dos al hoyo, tres, ¡cuatro!... Vaya, éste no. ¡Asqueroso!»
- Día 11. «Ayer corregí muchos, hoy me lo tomo libre.»
- Día 15. «Me aburro, retomemos la corrección de exámenes. Este fuera, éste suspenso. ¡Hombre!, uno que parece estar bien. Este, mmmmhh... Así, así, un cuatro con setenta y cinco.»
- Día 20. «Joder, todavía me queda la mitad. A ver, dedicando medio minuto a cada examen... ¡Pufff, es mucho tiempo! Habrá que dedicar unos quince segundos. Este parece valer; éste tiene pinta de estar fatal; éste ni de coña...»
- Día 26. «Bueno, me quedan sólo veinte. Voy a tratar de dedicarles todo el tiempo posible. Seré justo aunque sólo sea con unos pocos.» Media hora después: «Joder, esto es insufrible. ¡Y sólo llevo uno! ¡Hala, suspenso por aburrido!»
- Día 29. «Todavía me quedan doce. Habrá que volver al sistema tradicional: éste sí, éste no, éste me gusta y a éste me lo cargo yo.»
- Día 31. «Bueno, hoy me siento espléndido. Daré una nueva oportunidad a todos estos suspensos. Los que caigan sobre la alfombra, me los vuelvo a mirar.» (*Lanzamiento*). «¡Hala, cuántos! No puede ser. Probaré mejor con la alfombrilla del baño.»
- Día 35. «Bueno, lo siento, no ha podido ser: suspensos y bien suspensos. ¡Acabé! Un buen trago de whisky para celebrarlo.»

- Día 40. «Creo que ya va siendo hora de que me acerque por la universidad para que vayan pasando las notas.»
- Día 43. «¡Joder con la secretaria! ¿Dónde cojones se ha metido?»
- Día 46. «¡Por fin te encuentro! Anda, ve pasando estas notas y las sacas lo antes posible.»
- Día 50. La secretaria decide que no es bueno tomar tanto café y, con gran esfuerzo, acude a su trabajo.
- Día 51. «No está mal, ya llevo veinte.»
- Día 52. «Otros veinte y a tomar un cafetito.»
- Día 55. «Hoy haré horas extras: ¡veintidós más!»
- Día 60. «Entre hoy y mañana acabo.»
- Día 61. «¿Qué prisa hay? Mañana seguro que acabo. Un cafelito...»
- Día 63. «...Zorrade Mierda, Almudena. Je, je, cuánto suspenso. Zurullo Decoña, Francisco. ¡Ay, Paquito, estudia un poquito! ¡Acabé!»
- Día 65. «Vaya, se fastidió la impresora.»
- Día 70. «A ver si llamo algún día para que arreglen la impresora.»
- Día 75. «¡Imprimido! ¿Dónde están las chinchetas?» Nota: Comprar chinchetas.
- Día 77. Publicación definitiva de las notas.

Es curioso observar cuán rápidamente se corre la voz de que han salido las notas y con qué velocidad se forma una auténtica marea humana en la que sólo se oyen cosas como:

- «¡Qué miedo!»
- «No quiero verlas.»

- «Más me vale aprobar ésta.»
- «¡Ya le vale a este tío!»

La opinión generalizada es que todo lo que no pase de cinco es tiempo perdido. De hecho hay poca diferencia de alegría entre los que sacan esta nota y los que obtienen un ocho o un nueve. Los estudiantes se agolpan ante el corcho como periodistas tras el príncipe, buscan su nombre y, dependiendo de la calificación, exclaman una de estas tres tonadillas:

- «¡Toma!» (Con el puño en alto.)
- «¡Qué cabrón!» (Golpeando el corcho.)
- «Me lo esperaba.» (Con las manos en los bolsillos y encogiéndose de hombros.)

Resulta conveniente que al lado del corcho haya un par de papeleras para soltarles una buena patada, porque descarga mucha adrenalina y ayuda al personal a tranquilizarse.

LA REVISION DE EXAMEN

Pocas cosas puede haber tan inútiles en esta vida como una revisión de examen.

A no ser que el profesor sea de Letras y se haya equivocado al sumar (improbable, pero ocurre, por lo que conviene ir con cien ojos), no se conseguirá levantar el suspenso. Las tácticas normalmente empleadas para luchar por esa décima de más que nunca se consigue son:

- Ir de pobrecillo despistado que se equivocó en una tontería.
- La del nervioso que no tuvo tiempo.
- Ir de sabiondo que cree que no lo ha hecho tan mal.
- El indignado con quien se está cometiendo una injusticia. Esta táctica sí puede servir para cambiar nota, pero a menos.

La estrategia más habitual seguida por los estudiantes es la de dar la razón al profesor en casi todo, y atacar, sin demasiada virulencia, en ciertos puntos. Como las revisiones de examen están para cumplir el trámite, no se obtiene nunca nada. Incluso cuando uno tiene razón y hasta el profesor se la da, luego le dice que no puede ya cambiar las notas y que no se preocupe, que lo tendrá en cuenta para el final. Qué pena que luego tenga tan poca memoria.

El aspecto de los que esperan una revisión de examen es similar al de una cola para comprar las entradas de un espectáculo importante. Los alumnos montan el campamento alrededor del despacho del profesor, se tiran por los suelos, bromean, critican y tratan de pasar el tiempo hasta que llegue su turno. Los que están más próximos a entrar revisan nuevamente los apuntes, sobre todo la parte relacionada con lo que cayó en el examen (por supuesto, ya olvidada). Quieren dar así la falsa impresión de que se saben la asignatura. Nada, tampoco funciona. Los que todavía tienen que esperar un buen rato se lo toman con sentido del humor y bromean sobre las gilipolleces que pusieron en el examen.

Siempre hay uno o dos tíos que se ganan la enemistad y reciben varias miradas asesinas de los demás, porque acuden a la revisión para subir de notable a sobresaliente. «Repelente» suele ser el calificativo más empleado para definir a estos sujetos. Además, suelen ser los primeros en entrar y los únicos en conseguir su objetivo. «¡Hijoputa! ¿Dónde estarías tú mientras yo estaba borracho?» es una frase que puede muy bien recoger el sentimiento generalizado. Parece que los profesores no ponen tantas pegas a la hora de subir de siete a ocho o de ocho a nueve. En cambio, resulta superior a sus fuerzas subir de cuatro con ocho a cinco, de cuatro con seis a la gloria del aprobado.

—Si es que son sólo dos décimas —suplica, humillándose.

—Ya, si yo también lo siento, pero así es la vida: por una décima no entras en la carrera que te gustaría, por un segundo pierdes el tren...

Y lo dicen sin parpadear, sin inmutarse. ¡Qué frialdad la suya!

Un hecho muy curioso que se da en todas las revisiones es el del doble diálogo: por un lado, el físico y real, el que verdaderamente se produce y en el que todo es amabilidad gratuita. Por otro, el mental, radicalmente opuesto, donde se dice todo lo que se piensa del rival. He aquí un ejemplo. Entre paréntesis lo que piensa cada uno:

PROFESOR: —Pues mira, aquí te equivocas. Quizá no me expliqué bien. (*Anda, chaval, vete a tu casa, que no tienes ni idea.*)

ALUMNO: —Ya, si me di cuenta de mi error según salía del examen. (*Vale, cabrón, ya sé yo que eso me lo inventé.*)

P: —Esta otra yo creo que te la sabes, pero no te explicas bien y no me has puesto bla, bla, bla... Así que te he puesto medio punto. (*Medio punto por regalarte algo, porque no has dado ni chapa.*)

A: —Hombre, yo creía que esa pregunta estaba más o menos bien contestada. (*¡Hijoputa! ¡Medio punto!*)

P: —Esta no está mal del todo, pero te he tachado estas dos frases porque parece que no lo entiendes. Si no las hubieras puesto te habría subido un poco más. (*Lo que hay que hacer para ganarse la vida.*)

A: —Ya, si ya me di cuenta de que no estaban muy bien puestas, pero por no tacharlas... (*¡Hijo de la grandísima zorra, por dos frases!*)

P: —En fin, tu examen no está mal del todo. Aprieta un poco más y seguro que en junio lo sacas. (*Anda, que lo llevas más claro.*)

A: —Bueno, de acuerdo, pues muchas gracias, hasta luego. (*Anda y que te den por el culo, cacho perro.*)

DIVERSION EN LAS CLASES

Que las clases son aburridas hasta decir «basta» creo que no me lo podrá negar nadie. De ahí que los estudiantes busquen algún tipo de entretenimiento para soportar mejor la dureza de estas plúmbeas y eternas horas. Son muchos los juegos que han creado escuela en la universidad.

Dos personas pueden jugar a las «cuatro en raya», juego enormemente sencillo y ameno, pues sólo se necesita una hoja cuadriculada y no exige mucho movimiento escandaloso de cara a la atenta mirada del profesor. Si se consiguen cuatro personas se suele recurrir al juego universitario por excelencia: el mus. Lleva consigo el problema del disimulo: barajar mirando los apuntes, repartir mirando al profesor, pronunciar «pares sí» o «envido» en un tono audible para los jugadores e imperceptible para el resto. La cosa se complica en el momento álgido de la partida, cuando entre explicación y explicación del profesor se escapa un sonoro «órdago» para sorpresa inicial y sonrisas posteriores del resto del alumnado. El profesor hace como que no ha oído nada y continúa con su lección poco magistral.

Sin embargo, los juegos que de verdad divierten al personal son los de masas, aquellos a los que puede apuntarse cualquiera y que exigen la colaboración indirecta del profesor. Los principales son los dos siguientes:

Paella

Se necesitan ocho o diez valientes (o tan soberanamente aburridos como para apuntarse a cualquier cosa) y a cada uno le corresponde un ingrediente de la paella: arroz, pimientos, sal, pollo, guisantes... Existen las versiones «paella de pollo» y «paella de marisco», en cuyo caso se asignan a los jugadores langostinos, cigalas, gambas, etc., y la más corriente, la «paella mixta».

El juego consiste en ir pronunciando ingredientes por turnos y el alumno a quien corresponda ha de ponerse de pie con mayor o menor disimulo, pero firmemente de pie.

Comienzan las risas con las primeras puestas en pie, más o menos discretas, y se acrecientan al intentar disimularlas, pero lo mejor del juego viene cuando alguien profiere el grito de «¡Paella!», puesto que obliga a todos los jugadores a levantarse. Al poco tiempo de estar jugando, las carcajadas son incontenibles y se organizan feroces piques entre los jugadores intentando que pillen al compañero. Es un juego que arma grandes escándalos y que requiere un profesor que escriba mucho en la pizarra y no tenga mala leche, porque sus *mosqueos* serán continuos. Como puede verse, es un juego sin vencedores ni vencidos, pues su único objetivo es alegrar un poco la amarga existencia del aburrido estudiante.

El juego de las preguntas

Consiste en escoger una palabra al azar. Gana quien haga una pregunta al profesor o realice un comentario utilizando esa palabra. La palabra elegida hace que muchas veces las cuestiones planteadas al profesor sobrepasen los límites de lo absurdo. Las hay sencillas, como:

- «¿Qué tipo de *regla* jurídica seguimos para este caso?»
- «¿Qué *mecánica* debemos poner en práctica para resolver el problema?»

Sin embargo, hay veces en las que la palabra escogida no tiene nada que ver con la asignatura y hay que recurrir a la imaginación y echarle mucho morro al asunto:

- «¿Nos van a caer problemas de este tipo en el examen? Porque puede resultar un poco *indigesto*.»
- «¿No es un poco *duro* afirmar lo que usted está diciendo?»

Una vez, tras buscar al azar en el diccionario, la palabra escogida fue «periostio» y hubo que recurrir a las trampas para ganar:

ALUMNO: —¿Me podría explicar otra vez esa demostración?

PROFESOR: —Sí, claro, pues verás: bla, bla, bla, bla, ...

A: —*Perio, hostia...* Eeeeh, quiero decir que cómo pasa de una cosa a la otra.

Las risas se camuflan con gran dificultad y los componentes del juego suelen elogiar la astucia y habilidad del ganador. Lo que no se entiende es que no se mosquee el profesor, porque, tras contestar una pregunta absurda, suele decir:

—¿No hay más dudas? Había visto antes un montón de manos levantadas.

Hay quien osa contestar en el colmo del descaro:

—No, era esa misma duda.

Tras esta intervención, las lágrimas comienzan a aflorar, la vejiga a exigir satisfacción y se dejan de disimular las carcajadas.

EN EQUIPO O INDIVIDUAL, EL TRABAJO SIEMPRE ES IGUAL (DE COÑAZO)

Suele ocurrir que muchos profesores tengan la genial idea de mandar un trabajo para «ayudar a la comprensión de esta parte de la asignatura». Esto es más falso que un político en campaña. La única razón es, parodiando a los parnasianos: «¡El trabajo por el trabajo!»

Pueden ser de dos tipos: individuales y en equipo. Suele ocurrir que cuando se elige uno de ellos se prefiera... y se recurra al otro, y viceversa. Veámoslo con sendos ejemplos:

TRABAJO INDIVIDUAL

«Joder, no tengo ni idea de por dónde empezar ni qué hay que hacer exactamente ni nada de nada. Pediré ayuda.»

—Oye, Peláez, ¿tú sabes de qué va esto?

—Bueno, un poco. Pero he quedado con Montoya que creo que sabe de qué va la cosa.

Como Montoya tampoco tiene ni idea, acaban los tres yendo juntos a recopilar información. Después intercambian ideas y quedan para hacer el trabajito de marras. Llevan a cabo un perfecto trabajo en equipo por triplicado, disimulando las similitudes, y para entregar después cada uno con su nombre.

TRABAJO EN EQUIPO

A: —Bueno, pues quedamos mañana los cuatro para la chorrada ésta.

B: —Yo mañana no puedo, tengo clase con mi maestra preferida, mmh.

C: —Pues pasado mañana no puedo yo: tengo campeonato de mus.

A: —Ni yo. ¿Y el jueves?

D: —Yo tengo clase de Inglés martes y jueves, así que imposible.

A: —Bueno, pues dividimos en cuatro partes y que le den morcilla.

Así que al final lo que se hace es entregar cuatro trabajos individuales uno detrás de otro, con distintas letras, sujetos con un clip, bajo un título común y firmado por los cuatro.

Qué hacen los profesores con los trabajos es uno de los grandes misterios del mundo universitario. ¿Leerlos? Imposible: suelen ser unos ladrillos infumables más pesados que un manual de Informática. Entonces, ¿hojearlos? Para qué, si no se saca nada en claro. ¿Tirarlos a la papelera? ¡Haría falta una papelera mayor que la Caballé! Pues entonces, ¿quemarlos, alimentar la hoguera familiar? Haría falta mucho espacio para almacenarlos. ¿Y venderlos como papel al peso? Mmmhh... Ahí ya entran las ansias lucrativas de cada uno.

LA ELECCION DE DELEGADO

Se celebra cuando ya ha pasado más de un mes desde que empezó el curso. Siempre hay alguien que sabe con antelación la fecha de tan democrático proceso y hace correr la voz al grito de: «Mañana no hay clase las dos primeras horas.»

Afortunadamente no existen normas sobre el *quórum* necesario para llevar a cabo las votaciones, porque ni siquiera fijándolo en el cuarenta por ciento tendríamos la seguridad de lograr ese nivel de participación.

El cargo de delegado requiere grandes dosis de responsabilidad, sacrificio, abnegación y aguante, porque es él quien se encargará de recibir fotocopias del profesor, de avisar a sus compañeros, de informar a los profesores de las quejas estudiantiles, de dar la cara en todo momento, etc. Su función primordial, no obstan-

BIEN
BRAVO
BRAVO
¡BRAVO
PLAS
PLAS
PLAS
PLAS
PLIS
PLAS
PLAS
VOTA
PLAS
PLAS
PLAS
PLAS
PLAS

te, será la de servir de pelota entre el profesor y la clase para la fijación de las fechas de los parciales. En resumidas cuentas, un buen delegado es el que acaba hasta los huevos de serlo.

El profesor cuyas horas han sido elegidas para desarrollar el proceso electoral intenta revestir el acto de una seriedad que no se consigue ni de lejos. Intenta convencer a los alumnos de la importancia del cargo, de la necesidad de votar al candidato que crean que puede desempeñar mejor tal labor, de la conveniencia de ejercitar el derecho al voto, etc... ¡Paparruchas!

A pesar de conocer las engorrosas tareas que va a suponer el cargo, todos los años se presentan a la elección tres candidatos. Suelen ser chicos. Si se presenta alguna *aspiranta* a delegada, suele contar ya de salida con el apoyo del electorado masculino, sobre todo si sus facciones son especialmente agraciadas (circunstancia de la que quizá debieran apercibirse los partidos políticos).

El primer candidato, que parece el más preparado, inicia su mitin exponiendo su programa electoral (más inexistente aún que los de las principales fuerzas políticas), sus inquietudes, sus convicciones y acaba con la típica frase: «Lo haré lo mejor que pueda.»

El segundo candidato repite las ideas del primero (nulas) intentando al principio cambiar las palabras, aunque al final acaba copiando literalmente el discurso de su compañero. El público contempla sonriente los esfuerzos de ambos candidatos y estalla en ovaciones y aplausos al final de cada intervención.

Y llega el turno del tercer postulante, un individuo exhibicionista y con buenas dotes de imitador de políticos:

«Puedo prometer y prometo que mientras yo sea delegado de esta clase lucharé a muerte por bajar los impuestos y controlar la inflación. No dejaré que ningún profesor pisotee nuestros derechos de vividores y aumentaré las partidas de gasto público destinadas a cervezas en el bar. Sólo me queda decir que yo no sé nada ¡ni de Flick, ni de Flock!, y que todos los casos de corrupción con el dinero de las fotocopias serán examinados detenidamente. Muchas gracias.»

Al finalizar su intervención, el estadio está a punto de caerse, el candidato hace la señal de la victoria y ni siquiera el profesor puede reprimir una sonrisa de oreja a oreja.

Después de tan aclamadas actuaciones comienza el turno de la votación. Uno a uno se va pasando lista, con mayoría de ausentes, y se van depositando las respectivas papeletas. No falta quien vota por imperativo legal, y es que cada uno pone su granito de arena para alegrar el ambiente ya de por sí festivo.

Una vez llegado a Zurullo Decoña, Paquito, se procede al recuento. Se nombra un encargado de llevar el proceso digitalizado mediante el innovador sistema de los palotes en la pizarra. La lucha es encarnizada entre los dos primeros candidatos, con el tercero a una distancia prudente.

La broma continúa durante el recuento:

- Algunos ponen un mote al candidato: «*P'al* Patillas.»
- Otros le dedican rimas: «Vota a Miguelito, un candidato *potito*», o «Para Luisón, un campeón».

- Hay quien pone todas las faltas de ortografía posibles e imposibles y decoración barroca: *Phennando Pedez Káye*
- Otros entregan papeletas tamaño folio, dobladas catorce veces y con el nombre en letra pequeñísima en una esquina.

El profesor anula algunos de estos votos ante la hilaridad general y siguiendo oscuros criterios, porque en realidad debería anular muchos más.

Realizado el recuento, el profesor felicita al ganador a la vez que le desea lo mejor («Que te dejes pisotear», «Que pongas los exámenes cuando a mí me plazca», «Que des la cara ante tus compañeros cuando yo te lo ordene»...). La investidura es inmediata: aplausos, ovaciones y todos al bar a comentar las divertidas incidencias.

EL PASO DEL ECUADOR

Es uno de los temas principales al empezar el curso y quizás el único aliciente para aguantar un tercer año de sufrimiento universitario. A principios de noviembre se realiza la votación para elegir el destino preferido por la clase. Excepto Burundi, Bangladesh e Irak, se suele proponer el resto del globo terráqueo. El resultado del primer sondeo de opinión, que no aclara absolutamente nada, se acerca al siguiente:

- Canarias: 15 votos.
- París, Amsterdam, Bruselas: 14.

- Praga, Budapest: 8.
- Santo Domingo (¿de Silos?) y Marruecos: 7.
- Turquía: 6.
- Italia, Austria y Suiza: 5.
- Egipto y Brasil: 2.
- Islas Seychelles, Cuba y Nueva York: 1. (Tres incomprendidos.)

Normalmente, se acaba discutiendo mucho, gritando más y mandándose mutuamente a la mierda. Al final se organizan dos viajes por separado, uno de playa, a Canarias, y otro de cultura y autobús, a París, Amsterdam y Bruselas.

Las posturas se reconcilian a tiempo para el segundo gran tema: la financiación. Se propone toda clase de medios: venta de mecheros, de llaveros, camisetas, hacer fiestas, ir a concursos de la tele, batir el récord Guinness de alineación de duros... Nunca falla el que propone la repetidísima historia de acoplar las piezas de los bolis Bic (¿existirá realmente?). A lo más que se suele llegar es a organizar una fiesta y a vender mecheros.

La fiesta suele traer numerosos quebraderos de cabeza a sus organizadores y ni siquiera resulta especialmente rentable. Se monta con poco tiempo en una discoteca en la que «un amigo mío es relaciones». El antro es pequeño, cutre y está mal situado. Dado el escaso éxito de convocatoria y los reducidos beneficios, se suele desistir de organizar otra.

Otra historia es la venta de mecheros con la leyenda:

Paso del Ecuador. Tercero de CC. Económicas.
Universidad Autónoma de Madrid

Uno se encuentra de repente con cincuenta mecheros que tiene que encasquetar a padres, hermanos, abuelos, tíos, amigos, amigos de amigos, conocidos y hasta al primero que se cruza por la calle. La calidad de estos mecheros deja mucho que desear. Nunca encienden a la primera y se gastan antes que un preservativo, con lo que luego hay que soportar las quejas de padres, hermanos, abuelos, tíos, amigos, etc. Las ganancias suelen ser escasas a pesar del precio desorbitado exigido a los compradores, a esa gente de confianza que se puede quejar con razón de que «da asco». Las ganancias jamás llegan al viaje en sí, sino que suelen servir para aliviar un fin de semana que se preveía un poco apurado.

Por fin llega el viaje. Aunque sólo asisten unas cuarenta personas de la clase, se da vacaciones esa semana a todo el mundo. El día de la partida todo son sonrisas, ilusiones que vienen de mucho tiempo atrás, ganas de salir, deseos de pasarlo bien... Los de la playa, además, suelen soñar con encontrar «algo más que amistad».

En estos viajes no sólo se conoce la forma de ser de cada uno, sino, sobre todo, sus costumbres, manías y extravagancias:

- Quién tiene un genio terrible al despertar.
- A quién le hieden los pies hasta rozar la asfixia colectiva.
- Quién come como tres limas.
- Quién tiene una potencia de eructo de doscientos decibelios.
- Quién necesita trece horas para arreglarse.
- Quién sufre ataques de aerofagia a primera hora de la mañana.

- Quién aguanta cuando los demás dicen «basta».
- Quién tiene el pijama más provocativo...

Los de la playa se distribuyen en grupitos y, de vez en cuando, se relacionan con el resto de la gente. Por su parte, los de Europa comparten hotel, autobús, comidas y horarios, así que se tratan más en conjunto.

Estos viajes suelen pasar volando, casi sin darse cuenta. La última noche se organiza una cena para todo el grupo, se sale hasta bien tarde y se intenta por todos los medios no dormir. Al final, y debido al cansancio acumulado a lo largo de toda la agotadora semana, se acaba cayendo aunque sólo sea por una hora. Tenemos, pues, un viaje de vuelta donde las caras muestran un aspecto tan lamentable que no se puede ni siquiera apreciar la tristeza del momento.

Cuando se reúnen los de la playa con los europeos se tiende a desacreditar al contrario y a exaltar el propio viaje de un modo poco subliminal, algo así como:

LOS DE PLAYA: —¿Qué tal os ha ido? Mucho autobús, ¿no? ¿Habéis podido ver algo? Nosotros nos lo hemos pasado que-te-cagas, todo el día en la playa, por la noche en la discoteca...

LOS DE EUROPA: —¿Qué tal vosotros? ¿No os habéis cansado de playa? Y luego a la discoteca todos los días, ¿no? Nosotros, que-te-cagas, pateándonos todas las ciudades, viéndolo todo y por la noche en el hotel unas juergas...

EL VIAJE DE FIN DE CARRERA

Después de más de cuatro años en la universidad, un viaje de estas características resulta más que merecido. Tiene muchas similitudes con el paso del Ecuador y en sus principios es idéntico. Es decir, se empieza un día de noviembre presentando las posibles alternativas. Una de las «cotorras» propone un viaje a Santo Domingo «que está tirado de precio», a pesar de lo cual dobla casi el presupuesto de las otras opciones. La «Japuta» se empeña en un crucero por el Nilo que no apetece a nadie a pesar de los alicientes (apedreamientos, asesinatos...) y que cuesta casi tanto como el de Santo Domingo. Sólo recibe el apoyo de su amiga, con lo que descarga su ira sobre el resto de la clase mediante ese estilo verdulero que la caracteriza. Se proponen también países del Este, Brasil, Turquía, nuevamente Canarias, Mallorca y El Puerto de Santa María. Tampoco se consigue nada en esta reunión, así que acaba organizando cada uno «su» viaje, con «sus» amigos y reclutando gente para completar el cupo entre la clase propia y las ajenas. En esta ocasión, los de Europa amplían su radio de acción y llegan hasta Rusia o Turquía, mientras que los de la playa pasan de Tenerife a Lanzarote.

Y se repite el problema de la financiación, con las mismas propuestas. Al final todo se limita a una nueva fiesta y a vender camisetas en lugar de mecheros.

La fiesta, «para que no pase como en tercero», se organiza algo mejor, con más tiempo y en un sitio más grande. El problema es que la única fecha disponible es el 16 de febrero, con lo que no puede ir casi nadie. Con un poco de suerte y tras colgarse una semana del teléfono, se consigue cubrir el coste de alquilar un local tan amplio. Visto el escaso éxito, los organizadores hacen suyo el pensamiento argentino respecto a sus militares para exclamar: ¡Nunca más!

Un hecho muy curioso que se da en todas estas fiestas

es que, paseando por los alrededores de la discoteca se encuentra siempre a un grupo de tres amigas en pintoresca postura: las dos de los lados abrazan y consuelan a la del centro, que se encuentra con la cabeza agachada y los ojos llenos de lágrimas. Las razones de esto sólo pueden ser dos:

- Una copa de más.
- Un hombre de menos.

La venta de camisetas es algo más relajado, aunque tiene la pega de que resulta imposible quitarse de la cabeza la idea de que estás timando a tu familia y amigos. En efecto, porque estas camisetas cuasitransparentes se *colocan* a un precio unas tres o cuatro veces mayor que el de compra mediante el recurso a la amistad y a los lazos familiares. «Venga, échame una mano» suele ser la frase más utilizada para apelar a la conciencia de los seres más próximos. Estas camisetas suelen tener un dibujo en el que, inevitablemente, se representa a alguien haciendo dedo, el nombre de la facultad timadora y los años durante los que se ha hecho la carrera.

Y llega marzo y el tan ansiado viaje, tras pasar los primeros parciales con más pena que gloria. Se viaja en avión y se monta un revuelo considerable por la novedad de ir con «toda la banda». Ni cinturón de seguridad («Si nos caemos, nos vamos a matar igual») ni zona de fumadores («No os importa, ¿verdad?») ni asientos en posición vertical («Mmmhhh... abatibles»). Ya a treinta mil pies (¿tamaño Romay?), el avión es un caos: el pasillo estará siempre ocupado por gente que va a hablar con otros de delante. Se montan auténticas timbas y disputadas partidas y, sobre todo, se hacen fotos. Fotos de grupo tirándose en los asientos, jugando a las cartas, por la ventanilla, poniendo cara de asco a la comida, en el baño, y hasta con la azafata, «que está como un queso».

Se llega por fin al lugar de destino y en el aeropuerto continúan las bromas, sobre todo los que van a otro país:

—Anda, ¿te caducó el pasaporte en enero?

—¿Y si no te llegan las maletas?

—¿Nos cambiamos los pasaportes?

Películas como *El expreso de medianoche* o la tradición sobre la rigidez soviética borran cualquier sonrisa llegado el turno de pasar ante el Vladimir o el Alí Agca del control de pasaportes.

Pasado el trámite empiezan a salir maletas y más maletas, de diferentes formas, colores y tamaños, mientras todo el mundo las va recogiendo. ¿Todo el mundo? No. Siempre hay una maleta roja sin dueño que da dieciséis vueltas y, lo que es peor, algunos dueños sin maletas. Suelen ser el «malasuerte» y una chica de carácter nervioso. Tras reclamaciones difícilmente entendidas, éstos llegan al hotel cuando los demás ya se han sorteado las habitaciones, han colocado la ropa y se han abalanzado sobre la cama al grito de: «¡Voy a tirarme a "Tipazo"!»

En este viaje se alcanza un alto grado de conocimiento de los compañeros, tanto en el aspecto de personalidad como en el de hábitos y «hazañas» varias. Los grandes descubrimientos de estos viajes son tan variopintos como los siguientes:

- La capacidad estomacal de alguna.
- Un tipo que parecía tranquilito se destapa por su

habilidad para el regateo con los turcos o rusos que intentan sacar tajada.

- Quién es un presumido y lleva tres modelitos para cada día.
- Quién lleva más perfumes y colonias que un bloque navideño de anuncios.
- Descubres que tu compañero de habitación deja la taza hirviendo porque acude a cagar con el periódico.
- Quién parece que en vez de duchas se da baños de espuma.
- Quién adquiere el *look* Rocky al dormir pocas horas: se le ponen las peores ojeras, pierde la voz y se le hinchan los ojos.

En todos los viajes de este tipo, aparte del grupo de amigos ya conocido, hay dos sujetos que destacan: el «acoplado» y la «fotógrafa». El primero es ese/a chaval/a que va al viaje sin conocer a nadie y al que se intenta incorporar al grupo. Sin embargo, es tímido, difícil de tratar, de carácter problemático y pone pegas a todo, así que al final se suele pasar de él. La segunda, por el contrario, es esa chica que ha venido con siete u ocho carretes para inmortalizar las visitas y que tiene la intención de agotarlos. Así que se pasa todo el viaje: «Poneos aquí», «Foto, foto», «¡Un momento!», «Esperad, no hemos hecho foto». Para colmo, pretende salir en todas sus fotos, así que hay que esperar a que enfoque, ajuste la luz, busque el ángulo y dé la cámara a otro con las instrucciones precisas: «Sólo tienes que apretar aquí.» Llega un momento en que uno se cansa de decir «patata» y deja de posar para tanta foto, pero luego hay que reconocer que suelen ser las mejores.

Este viaje también pasa rapidísimo. Llegamos nuevamente a la última noche. Se repite la cena de grupo, la tristeza generalizada y el intento de no pegar ojo en toda la noche. Se reúne un grupo de ocho a diez personas en una habitación, se ponen a hablar y, sin querer, van buscando la postura adecuada para echar una cabezadita: cuatro en una cama, tres en otra, dos en el suelo, uno en la silla... Todos van cayendo de uno en uno, excepto una chica infatigable que acaba recitando un monólogo shakesperiano.

El viaje de vuelta se hace eterno y se llega a la civilización con un cuerpo terrible y cara de terrorista. Se recogen pesadamente las maletas, se reencuentra a la familia, se vomita la comida del avión y se duermen doce horas seguidas. Una vez semirrecuperados, la pena es enorme, las aflicciones continuas y la añoranza el estado natural. El día de la recuperación suele ser domingo, con lo que se acentúa el estado depresivo mientras la familia acosa con todo tipo de preguntas y exige los recuerdos que se han traído para cada uno. Este tipo de viajes suelen ser como Vietnam, porque marcan al individuo para toda la vida («veterano de Moscú», no suena mal). Como recuerdos materiales del viaje quedan camisetas *fardonas*, pijaditas varias y otro álbum de fotos completo.

LA CERVEZA ME DA VIDA, CONFIO EN SAN MIGUEL...

Un día al año se celebra una fiesta que tiene como objetivo ingerir la mayor cantidad de alcohol posible. Esta gran borrachera colectiva recibe distintos nombres según la universidad de que se trate: Fiesta de la primavera, *Happening*, El gran colocón... Se trata de celebraciones previas a los exámenes finales donde la cerveza se cuenta por hectólitros y el objetivo es pasar un buen rato y *cocerse*, agarrarse una buena castaña.

Estas fiestas han adquirido tal fama que son conocidas en toda la ciudad, y se da la circunstancia de que concurre más gente de fuera de la universidad que estudiantes de la misma. La gran borrachera comienza hacia las doce de la mañana, amenizada (es un decir) con conciertos de grupos donde sólo se oyen los mamporros del batería y algunos toques de guitarra. La voz no se percibe jamás (que alguien me explique entonces qué significa «llevar la voz cantante»). Cuanto más macarra es el grupo, más «filósofos» corearán sus canciones. Cuanto más festivo, más «empresarios» bailarán sus alegres melodías. Y cuanto más pijo, más «abogados» seguirán sus ritmos.

Los *minis* empiezan a circular, la cerveza a correr, los *bocatas* a caer y se suceden las oleadas de gente apuntándose a la juerga. Más de cincuenta mil personas se han llegado a dar cita en estas magnas reivindicaciones de la ebriedad como forma de vida.

Se organizan otras actividades para animar el cotarro, como maratones nudistas, toros mecánicos y juegos poco cándidos e inocentes. Se suceden los campeonatos de bebedores y los piques para medir la celeridad en bajarse un litro de cerveza, alcanzándose así las seis de la tarde, hora en la que los servicios sanitarios realizan su primera intervención. Suele ser un chaval de primero que no ha podido con el tercero. ¡Y eso que, para hacer hueco, no había comido!

Los más veteranos en estas lides vienen ya preparados de casa con sus botellas de plástico de dos litros de Coca-Cola, si bien su contenido se acerca más a Palazuelos del Eresma que a Atlanta.

Las ocho de la tarde: tercera intervención de los servicios de salud y primer *strip-tease*. Mucha gente ha empezado a irse, pero quedan los «buenos», los de capacidad de aguante inhumana. Persiste la música animada, los barriles de cerveza siguen vaciándose a velocidad vertiginosa y los tortazos se multiplican:

«¡Pepe, Pepe! (*¡Plaf!*) ¡Despierta! (*¡Plaf!*) ¡Pepe!»

Es otro que ha logrado la hazaña de sobrepasar los tres gramos y medio de alcohol en la sangre. Conociendo a algunos de estos notables bebedores, uno se pregunta cuánta sangre les quedará ya en su alcohol.

Quería dejar para el final el segundo gran problema de la cerveza: ¿cómo contener los impulsos irrefrenables de «*l'agüita* amarilla»? ¿Dónde mear? ¿Cuándo miccionar? Normalmente se habilitan tres o cuatro casetas para la satisfacción de estas necesidades, pero dado el elevado número de meones se utiliza el recurso canino: un árbol un poco alejado y rienda suelta a las uretras.

El parte de guerra, porque no tiene otro nombre, de estas fiestas suele generar escalofríos: veinticinco casos de intoxicación etílica; destrozos valorados en varios millones de pesetas; accidentes de coche y hasta alguna denuncia por intento de violación.

El universitario que acude al día o a la semana siguiente al *campus* creerá que se ha equivocado de sitio: «Esta no es mi universidad.» Por primera vez se llega a sentir hasta cariño por ella (la segunda ya vendrá cuando se tengan cincuenta años). Como allí por donde cruzó Atila, por donde estuvo esta gente no vuelve a crecer la hierba; los vasos de plástico cubren los escasos vestigios que indican que allí un día hubo césped; el panorama es desolador. Las críticas, que uno creía exageradas, se quedan incluso cortas para definir las consecuencias de la barbarie. Un año más se habla de suspender la realización de esta fiesta, pero doce meses después ya ha llovido mucho, ha crecido el césped, se han hecho votos por el control de los altercados ¡y comienza una nueva gran borrachera!

LA VENGANZA: LA ENCUESTA DE PROFESORES

Un día al año, sólo uno, se permite al alumno tomar cumplida venganza de sus profesores, calificarlos con el mismo resentimiento que ellos tan impunemente muestran, expresar el odio que se puede llegar a sentir por determinados mezquinos sujetos. En definitiva, y aunque no sirva de nada, decir cuatro cosas bien dichas en una encuesta para valorar las aptitudes docentes de cada profesor.

Existe una diferencia con la evaluación que hacen los profesores de los alumnos, y es que éstos, en sus críticas, tienen que recurrir al anonimato y a falsear la letra por temor a represalias. De lo contrario, se facilitaría mucho la labor de corrección de los profesores:

- «Conque chulo, ¿eh? Pues 0'75.»
- «¿Reprimido sexual? ¡Cero!»
- «Viejo verde, degenerado, sobón, pervertido... ¿Y qué si lo soy? 0'5.»

Las iras estudiantiles largo tiempo contenidas se desatan cuando se presenta esta oportunidad de colocar a algunos profesores en su sitio. La encuesta se rellena sólo cuando no se soporta al profesor. Si se le traga, no se rellena, siguiendo la vieja costumbre española de destacar sólo lo negativo. Este cuestionario permite al alumno explayarse a gusto sobre cuatro aspectos:

a) Aspectos positivos del profesor.
b) Aspectos negativos del profesor.
c) ¿Qué opinión le merecen las tutorías?
d) ¿Qué aspectos de la asignatura cree que deberían mejorar ?

La contestación, siempre terrible, suele ser del siguiente estilo, aunque las formas dependerán de la imaginación de cada uno:

a) Ninguno. Bueno, espere que piense un poco más... Nada, llevo diez minutos y no hay manera.
b) Su corbata, sus zapatos, sus rascadas de entrepierna, su chulería innata, sus aires de superioridad, su obsesión enfermiza por las fotocopias, su modo de corregir, su equiparación «alumnos = chusma»... En fin, me parece un sujeto mezquino, despreciable, que va pidiendo a gritos que le den una paliza. Un tipo sin duda enfermo por una tremenda represión sexual en su adolescencia o atormentado por una experiencia terrible en su infancia con un anciano que le ofrecía algo más que caramelos.
c) No sabía que existieran, pero preferiría estar en un denigrante concurso de televisión que en un despacho a solas con tamaño engendro de la naturaleza.

d) El profesor. Con un tratamiento psiquiátrico adecuado, quizás en un par de años podría integrarse en la sociedad, aunque lo dudo.

EL VIAJE EN COCHE

Dados los problemas que presenta el transporte público y la distancia existente hasta la universidad, suele ocurrir que a algún privilegiado le regalen un coche sus padres para acudir al *campus* (recuerde: no confundir esto con ir a clase). Antes de darse cuenta la noticia habrá corrido por la clase y su vehículo tendrá un *overbooking* similar al de las compañías aéreas en verano. El dueño del automóvil elegirá a sus futuros compañeros de atascos siguiendo criterios como el orden de solicitud, la cercanía a su casa, y ¡qué coño!, guiándose por sus simpatías personales.

No supone ninguna dificultad encontrar a cinco personas para llenar un coche, incluso los días que falla uno de los fijos, pues los buitres acechan y en medio minuto ya se ha cubierto el hueco. Estos «cinco magníficos» son:

EL CONDUCTOR

Dueño absoluto del coche, es el único que puede sintonizar la radio y atormentar con sus cintas a los acompañantes. Habla poco, y cuando lo hace es para quejarse de algo relacionado con el vehículo:

- «No nos va a llegar la gasolina.»
- «¡Joder, qué frío está!»

- «¿Será cabrón?» (en alusión a un taxista).
- «No veo nada.»

El dormilón

Quizás pasó la noche anterior sirviendo copas en un bar o estuvo viendo películas hasta el amanecer. El caso es que desde que sube al coche hasta llegar a la universidad o a casa va completamente dormido. De vez en cuando, con el movimiento del coche, su cabeza golpea la ventana, abre los ojos, mira a su alrededor y murmura: «¿Todavía vamos por aquí?» Y sigue durmiendo.

La charlatana

Gracias a ella el silencio no es absoluto, aunque me cuesta decidir qué es peor, sobre todo por la mañana, porque a estas horas intempestivas no es precisamente lo más agradable una voz de pito machacando los oídos con sus movidas recientes.

Entre el cansancio de las ocho de la mañana y el martilleo continuo de esta chica, el dolor de cabeza es insoportable. ¡Como para ir a clase!

El sufridor

Es quien tiene que aguantar a la charlatana, que sólo le deja intervenir para asentir o como punto de apoyo: «¿Sí? ¿De verdad?»

Pocas veces le permitirá dar su opinión, y cuando lo haga, tampoco le interesará.

BLA
BLA
BLA
CC-342

La meditativa

Se pasa el viaje mirando por la ventana, contemplando el paisaje gris y pensando: «¡Qué matraca la tía ésta!»

Reza por llegar lo antes posible o, en su defecto, por que se calle la charlatana. De vez en cuando saca un tema de conversación, aunque no le interese lo más mínimo, para descargar el ambiente. Los temas más socorridos son el tráfico, los exámenes y Chiquito de la Calzada.

«NO CONOZCO A NADIE»: LA ORLA

La orla es esa cartulina con las fotos de la gente de clase, en blanco y negro, y en la que todos envejecen cinco años de golpe. Sirve para tenerla enrollada en algún rincón y, quizá a los diez años, enmarcarla.

El día que se van a hacer las fotos parece una manifestación de monaguillos, porque todos van de un blanco inmaculado tipo anuncio de detergente con nombre de coche deportivo (Turbo Express, Micro Plus). Sólo tres han traído corbata, así que, con mucho cuidado para no deshacer los nudos, pues por increíble que parezca poquísima gente sabe hacerlos, las corbatas van circulando de un cuello a otro. Suele haber una encargada de decir: «Espera, así mejor», mientras coloca ligeramente la corbata apretando el nudo hasta hacerte saltar la nuez.

Las sorpresas llegan cuando se recoge la orla, porque nadie sale como esperaba. A algunos les ha pillado el pajarito sonriendo, a otros frunciendo el ceño, a alguno con mirada asesina, Al «salido» con los ojos desorbitados y al «malasuerte» con la lengua fuera. Suele ocurrir también que algunas chicas parezcan guapísimas sin serlo y al revés, que las que lo son, no lo parezcan. Este curioso fenómeno fotográfico se comprueba enseñando la orla a los amigos:

—¿Qué pericas son las que merecen un favor?

—Esta. Y ésta, aunque aquí no ha salido muy bien.

—¿Esas? Pues vaya ganado tenéis entonces. A mí me parece que está mucho mejor ésta, o esta otra.

—¿Pero tú estás *zumbao*? Tenías que verlas al natural. Esta es bizca, y ésta es el «travelo».

Al final resulta que a quien más gusta la orla es a la madre, que no se cansa de repetir lo guapo que está su hijo.

EL ULTIMO EXAMEN DEL CURSO

Es el único que se hace con ganas, pero no porque se posean unos excelsos conocimientos de la materia, sino por lo que viene después: salir de copas con toda la clase hasta morir y dos meses de vacaciones como mínimo. Se respira un ambiente de alegría, la gente suele estar más relajada de lo habitual, los nerviosos e inquietos son minoría por una vez y a nadie parece preocuparle el examen en cuestión.

Algunas chicas parece que no van a pasar por casa hasta las seis de la mañana, porque se presentan al examen más que repintadas y enjoyadas. Sin embargo, la palma se la lleva la «japuta», que aparece destilando perfume, con aspecto de fulana y muy emperifollada. Los chicos, por el contrario, presentan unas barbas de varios días que denotan que no han podido ni afeitarse de tanto estudiar. En verdad, resulta que se han pasado la semana viendo la tele, pero dan el pego como estudiosos agobiados. Por la noche, en el bar de copas, se presentarán con unos afeitados apuradísimos «por si se da bien la noche». Los minutos previos al examen se inicia la eterna discusión del sitio al que acudir a desahogarse justo después.

SNOOPY GIRL: —Pues podíamos ir a un sitio que hay una fiesta de fin de exámenes. Seguro que está superbieeen.

COMICO: —No sé. Seguro que es bastante clavada y aquí a nadie le sobra la pecunia. Además no hay mucho sitio para aparcar nuestros carruajes.

HEAVY: —Yo no me meto ahí ni *jarto grifa.*

TIPAZO: —A mí me apetecía ir a tomar unos vinillos a la Plaza Mayor.

SALIDO: —Vale, vale, me apunto, me parece buena idea.

PIJISIMO: —Pero *esss* que hay cada antro por ahí. Yo preferiría ir a Pachá.

JAPUTA: —Mirad, lo mejor es que vayamos a la fiesta ésa.

LISTILLO 1: —Pero si ya has visto que no le apetece a nadie.

JAPUTA: —Pero, ¿por qué, joder? Si no es tan caro, coño, sólo mil pelas la copa. No digáis gilipolleces. Y se aparca de puta madre.

COMICO: —Hieres mi sensibilidad con tu léxico apostólico romano.

TRAVELO: —Podíamos ir a un pub que me han dicho que está lleno de gente rara, seguro que nos reímos mogollón.

AMANERADO: —¡Vale, vale! Me apunto (*dando saltitos*).

LISTILLO 2: —«Que me han dicho...» La gente rara sois vosotros.

BOXEADORA: —Podíamos ir al mesón ése de la sangría en el que estuvimos la semana pasada.

SALIDO: —Tú calla, no abras la boca.

¡¡¡PLAAAAFFF!!!

BOXEADORA: —¡Ay, lo siento! No me he dado cuenta.

SALIDO: —¡Joder, mi mandíbula! Como no triunfe esta noche con alguna moza, te vas a enterar.

Llega el momento de entrar al examen y, por supuesto, todavía no se ha decidido nada. Durante el mismo se observa a algunos examinandos pensativos, pero no sobre un ejercicio o una pregunta, sino sobre el bar más adecuado para celebrar el final del suplicio. Sólo cuando han resuelto una duda tan trascendental pueden volver a concentrarse en el examen, aunque, de vez cuando, se replantearán: «¿Y si vamos a...?»

El aire de celebración se transmite a profesores y vigilantes, que se muestran más permisivos de lo habitual, con lo que se eleva el tono de euforia entre los alumnos: «No tengo ni idea, me dejan copiar, puede que hasta apruebe y en menos de una hora a remojar el gaznate. ¿Qué más se puede pedir?» Acabado el examen apetece lanzar la carpeta por los aires, reírse de la falta de seriedad de los vigilantes, desparramar e irse a un bar a aplacar la sed. Se reanuda entonces la discusión.

PERDONAVIDAS: —Pues yo he pensado...

COMICO: —¡¡¡Ooohhh!!!

PERDONAVIDAS: —Andate con ojo, chaval, que algún día te voy a meter una leche que se va a oír en China.

SALIDO: —Bueno, yo creo que el mejor sitio es ése de la sangría. Tiene una camarera impresionante. Es la futura madre de mis hijos.

SNOOPY GIRL: —Jo, pues vaya. Pues yo me quiero pasar por la fiesta.

JAPUTA: —Yo me voy contigo, que aquí hay mucho gilipollas. Me tienen hasta los huevos.

DOÑA AGOBIOS: —Venga, vamos a decidirlo ya, que yo tengo que irme.

LISTILLO 1: —Bueno, entonces decidido: vamos al mesón ése, que además está al lado de una discoteca donde os puedo sacar segundas copas.

LISTILLO 2: —Vale. ¿Os parece bien ahí?

LA PAREJA: —La discoteca ésa, ¿tiene sitio para sentarse?

SALIDO: —Si queréis saber si tiene *palódromo*, yo os lo digo: sí, y espero acabar en él.

LISTILLO 2: —Entonces quedamos ahí a las nueve, ¿vale?

COMICO: —Por mí, sí. ¿Y tú qué dices?

DON TRANQUILO: —A mí me da igual.

HEAVY: —¡Vamos a ir a cuchillo! ¡Temblad, *shoshitos*!

COMICO: —¿Y a ti qué te parece?

MALASUERTE: —Yo no sé si podré ir, porque tengo que ir a buscar a mis padres al aeropuerto, que vienen a las doce.

FORASTERO: —A mí ya me podéis explicar bien dónde es, porque no conozco nada de nada.

Y hacia allá se dirigen con la felicidad que da el haberse quitado un buen peso de encima, aunque sólo sea temporalmente. La mayoría tendrá que estudiar durante el verano. En el bar de la sangría, los protagonistas serán los profesores, centro de comentarios malintencionados y chistes aludiendo a sus posibles facetas ocultas. Los brindis con el mejunje provocador de dolores de cabeza tampoco olvidarán a aquellos que durante meses han tenido puteados a los bebedores insaciables.

—¡Un brindis por el «pez gordo»! ¡Por que le dé un cólico!

—Para mí que tiene que ser un degenerado. Yo creo que le gusta la disciplina inglesa.

—¿Y te lo imaginas en tanga de leopardo? ¡Tiene que ser la bomba!

—¡Por el «majete»! ¡Por que coja el sida!

—Joder, tú también, no eres bestia ni nada.

—Qué va, ¿no te pega que esté liado con el «jubilado»? Vaya morbo, ¿eh?

—Venga, no disimules, que estuviste escocido una semana después de ir a su despacho.

—¡Por la «fotocopiómana»! ¡Que le metan sus apuntes por el culo!

—¡¡NOOO!! ¡Qué dices! Seguro que le gusta y todo.

—Para mí que esa tía es una ninfómana que se ha pasado a medio profesorado por su entrepierna.

—¡Por la «irascible», *cagüen* la puta!

—¿Y ésta en qué será especialista?

—Yo creo que lo suyo es el *sado-maso*. No me cuesta mucho esfuerzo imaginármela en cuero negro claveteado, botas de militar y gorro neonazi.

—¡Por el «jubilado»! ¡Por que encuentre una octogenaria bien conservada en alguna excursión del Inserso!

Se recordarán también los momentos estelares del curso, las intervenciones poco afortunadas de alguno y las manías que les han hecho ganarse a pulso su mote. Suele ser una gran noche, porque pocas veces se sale con ese entusiasmo, con esa alegría, con esas ganas de olvidar los dos últimos meses de penurias y privaciones.

EPILOGO

Después de la lectura de este libro los pensamientos que invadan al lector serán algo así como que la universidad es un lugar poco recomendable, que su autor es un rebotado, rencoroso y vengativo, que las instalaciones son tercermundistas, que todas las tías son tontas y que los tíos son unos animales en celo. Inmediatamente, el lector pensará que el estudiante que acaba la carrera será un tío con motivos de sobra para estar feliz: tendrá un título, abandonará ese escalofriante lugar, se alejará de tanto bicho raro, no tendrá que volver a clavar los codos, olvidará a los profesores que tanto le han hecho sufrir...

Sin embargo, no es así. Los años de universidad son inolvidables e irrepetibles. Son años de diversión, despreocupación, alegría y deleite, en suma, de buena vida. La juventud se va en sus recintos y, con ella, los mejores ratos pasados jamás. A nadie le importa lo más mínimo que las facilidades brillen por su ausencia, es más, esto le da cierto encanto. A nadie le importa mezclarse con especímenes raros de otros ambientes: contribuyen a lo que es esa gran vida. Y a nadie le importa estudiar unos pocos meses al año mientras se pueda pasar el resto del mismo haciendo lo que a uno le plazca.

Después de la universidad la mayoría tendrá asegurado el paro durante una buena temporada y añorará los momentos que en su día pasó dentro de las incómodas aulas, en el cálido césped, en la acogedora cafetería, en los artísticos baños ¡y hasta en el puto transporte público! Echará de menos a su gente, que estará esperando esa llamada de teléfono con una oferta de empleo y hasta perdonará a los profesores que se las hicieron pasar putas. (Creo que me he pasado en esto último.)

¡Aquello sí que era vida!